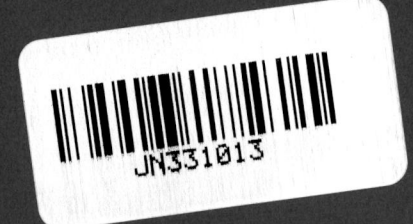

地域・マンションの防災スタンダードブック

The disaster prevention standard book of the area and an apartment

編著　地域マネジメント学会

大成出版社

はしがき

2011年３月11日の東日本大震災は、死者・行方不明者の数が阪神淡路大震災をはるかに超える、まことに悲しく痛ましい災害となりました。さらに今回の大震災では、巨大な地震と大津波のほかに、原発事故による放射能汚染という、住民の生存と生活を大いに脅かす事態が生じています。そして今日、多くの住民は首都直下地震や東海・東南海・南海の３連動地震の発生を危惧しています。それ故、私たちの学会においても、新しい地域・まちづくり問題を考究する際には、改めて「いのちとくらし」を最重要視するという見地から、災害に強い地域社会づくりを目指す研究を怠ってはならないのであります。

そこで、本学会理事会は、2011年６月、「出版編集委員会」（メンバー・野上修市、三橋博己、飯田太郎、金子　憲、佐藤　匡。）を設置し、防災研究の第１歩として、防災に関する基礎的知識を豊かにするという観点に立ち、本書の出版を決意しました。従って本書の内容は、都市住民が相互に連携・協力し、共助の理念に基づいて防災活動を進めるうえで不可欠と考えられる基本事項を体系的に整理し、それらに関してわかりやすい解説を加え、地域・マンション等の防災対策に大いに役立つことを目指して編集されています。

その意味で、都市住民はもとより、特に地域・マンション等において、防災活動上重要な担い手となる町内会・自治会・管理組合等の役員、さらにマンション管理会社のスタッフや自主防災組織のメンバー、また、自治体職員の方々に、本書を是非読んでいただきたいのであります。

最後になりましたが、本書の刊行に当たって、大成出版社常務取締役の坂本長二郎氏と同社第２事業部主任の山口修平氏に多大なご協力とご援助を受けました。ここに、厚くお礼を申し上げる次第です。

2012年３月

地域マネジメント学会会長
野上修市

目次

[redacted]

第1章　わが国の防災対策の法制度

第2章　防災・災害関連情報

第3章　ライフラインの復旧と整備

第4章　衛生管理と安全対策の中身

第5章　マンションの建物・設備の仕組みと防災

第6章　地域・マンションの災害への備え

第7章　復旧・復興へのステップ

第8章　保険・税金・金融商品等の知識

第9章　資料

第1章

わが国の防災対策の法制度

1 災害対策基本法

わが国の災害救助法制は、一般法としての災害対策基本法（以下、災対法という。）および災害応急対策法としての災害救助法（以下、災救法という。）を中心に成り立っています。

1. 災対法の制定目的

災対法は、その１条において、制定目的を次のように定めています。

「この法律は、国土並びに国民の生命、身体及び財産を災害から保護するため、防災に関し、国、地方公共団体及びその他の公共機関を通じて必要な体制を確立し、責任の所在を明確にするとともに、防災計画の作成、災害予防、災害応急対策、災害復旧及び防災に関する財政金融措置その他必要な災害対策の基本を定めることにより、総合的かつ計画的な防災行政の整備及び推進を図り、もって社会の秩序の維持と公共の福祉の確保に資することを目的とする」。

災対法は、1959（昭和34）年に発生した伊勢湾台風の大被害を受け、それまでバラバラに行われていた国の防災行政を見直し、総合的な災害対策の確立を求める世論の要求のもとに、制定されました。しかし、災対法に対して、災害予防、災害応急対策、災害復旧、防災財政金融措置に関する国の従来の法制度をほぼそのまま取り入れて、一本化を図った立法であったため、「新味」のない法律と当初から批判がありました。それはともかくとして、災対法の成立により、国の「総合的かつ計画的な防災行政」の確立が図られ、特に中央防災会議の創設により、過去のバラバラな防災行政の解消に向けて、大きく前進しました。

2. 災対法上の国の防災責務

災対法は、国の責務に関して、次のように定めています。

「国は、国土並びに国民の生命、身体及び財産を災害から保護する使命を有することにかんがみ、組織及び機能のすべてをあげて防災に関し万全の措置を講ずる責務を有する」（３条１項）。

「国は、前項の責務を遂行するため、災害予防、災害応急対策及び災害復旧の基本となるべき計画を作成し、及び法令に基づきこれを実施するとともに、地方公共団体、指定公共機関、指定地方公共機関等が処理する防災に関する事務又は業務の実施の推進とその総合調整を行ない、及び災害に係る経費負担の適正化を図らなければならない」（３条２項）。

3. 国・地方公共団体の防災実施事項

災対法は、国および地方公共団体が、直接的であると間接的であるとを問わず、一体として、国土ならびに国民の生命・身体・財産に係る災害をなくすことに寄与するように配慮しなければならないとして、災害の発生を予防し、または災害の拡大を防止するための防災実施事項について、特に下記のものを掲げています（８条１・２項）。

①　災害の発生・防止に関する科学的研究とその成果の実現。

②　治山・治水、その他国土の保全。

③　建物の不燃堅牢化、その他都市の防災構造の改善。

④　交通・情報通信等の都市機能の集積に対応する防災対策。

⑤　防災上必要な気象・地象・水象の観測・予報・情報等の業務施設および組織ならびに通信施設・組織の整備。

⑥　災害の予報および警報の改善。

⑦　地震予知情報に関する周知方法の改善。

⑧　台風に対する人為的調節、その他防災上必要な研究・観測および情報交換についての国際的協力。

⑨　火山現象等による長期的災害についての対策。

⑩　水防・消防・救助、その他災害応急措置に関する施設・組織の整備。

⑪　地方公共団体の相互応援に関する協定の締結。

⑫　自主防災組織の育成、ボランティアの防災活動の環境整備、その他国民の自発的防災活動の促進。

⑬　防災訓練。

⑭　海外からの防災支援の受入れ。

⑮　被災者に対する的確な情報提供。

⑯　防災教育および訓練。

⑰　防災思想の普及。

2　災害救助法

[redacted]

災救法は、1946（昭和21）年の南海大震災の発生を契機に、明治・大正・昭和の３代にわたって存在したわが国の災害救助制度の欠陥を抜本的に改善する法律として、制定されました。

1．災救法の適用範囲

災救法による救助は、都道府県知事が政令で定める程度の災害が発生した市町村（特別区を含む。）の区域内において、当該災害を受け、現に救助を必要とする者に対して、これを行うこととしています（２条）。

この点、災救法施行令１条１項では、該当する災害に関して、①当該市町村（特別区を含む。）の区域内の人口に応じ、それぞれ別表第１に定める数以上の世帯の住家が滅失したこと。②当該市町村の区域を包括する都道府県の区域内において、当該都道府県の区域内の人口に応じ、それぞれ別表第2に定める数以上の世帯の住家が滅失した場合であって、当該市町村の区域内の人口に応じ、それぞれ別表第3に定める数以上の世帯の住家が滅失したこと。③当該市町村の区域を包括する都道府県の区域内において、当該都道府県の区域内の人口に応じ、それぞれ別表第4に定める数以上の世帯の住家が滅失したこと、または当該災害が隔絶した地域に発生したものである等、厚生労働省令で定める被災者の救護を著しく困難とする特別の事情がある場合で、多数の世帯の住家が滅失したこと。④多数の者が生命・身体に危害を受け、または受けるおそれが生じた場合で、厚生労働省令で定める基準に該当すること、と規定しています。

（別表第1）

市町村区域内の人口@住家が滅失した世帯の数

5,000人未満@30

5,000人以上15,000人未満@40

15,000人以上30,000人未満@50

30,000人以上50,000人未満@60

50,000人以上100,000人未満@80

100,000人以上300,000人未満@100

300,000人以上@150

（別表第2）

都道府県の区域内の人口@住家が滅失した世帯の数

1,000,000人未満@1,000

1,000,000人以上2,000,000人未満@1,500

2,000,000人以上3,000,000人未満@2,000

3,000,000人以上@2,500

（別表第３）

市町村区域内の人口＠住家が滅失した世帯の数

5,000人未満＠15

5,000人以上15,000人未満＠20

15,000人以上30,000人未満＠25

30,000人以上50,000人未満＠30

50,000人以上100,000人未満＠40

100,000人以上300,000人未満＠50

300,000人以上＠75

（別表第４）

都道府県の区域内の人口＠住家が滅失した世帯の数

1,000,000人未満＠5,000

1,000,000人以上2,000,000人未満＠7,000

2,000,000人以上3,000,000人未満＠9,000

3,000,000人以上＠12,000

災救法の適用を受けるのは、以上の４ケースですから、災救法施行令が定める適用基準に満たない場合には、救助の対象とはなりません。また、災救法が適用されない市町村では、当該市町村の自主的救助に委ねるということとなります。

2. 災救法の救助の種類

災救法の定める救助の種類は、以下の通りです（23条１項１号〜10号)。

① 収容施設（応急仮設住宅を含む。）の供与。

② 炊出し、その他による食品の給与および飲料水の供給。

③ 被服、寝具、その他生活必需品の給与・貸与。

④ 医療および助産。

⑤　被災者の救出。
⑥　災害にかかった住宅の応急修理。
⑦　生業に必要な資金、器具・資料の給与・貸与。
⑧　学用品の給与。
⑨　埋葬。
⑩　その他政令で定めるもの。

さらに、災救法は、都道府県知事が必要と認めた場合には、救助を要する者に対し、金銭を支給することができると定め（23条２項）、また、救助の程度・方法・期間に関する必要事項は、政令で定めるとしています（23条３項）。なお、災救法の定める救助規定に関しては、救助の種類ごとに、一定の基準が設けられています（平成12年厚生告示144号「災害救助法による救助の程度、方法及び期間並びに実費弁償の基準」）。

3. 災救法の弾力的運用

東日本大震災については、被害の甚大さにかんがみ、被災地はもちろん、被災地ではない都道府県においても、積極的に被災者の救助活動が行われるようにするため、政府は災救法の弾力的運用を認めています。

その主な内容は、以下の通りです。

①　公的な宿泊施設や民間のホテル・旅館などを借り上げて、活用することも可能である。
②　地域の実情に応じて、民間賃貸住宅・空家の借り上げにより、避難所を設置することも差し支えない。
③　災救法が適用される市町村からの避難者のために、公営住宅等を活用して、避難所または応急仮設住宅を設置した場合にも国庫負担の対象とする。
④　広域避難が行われた場合の取扱いとして、災救法が適用される都道府県からの県域を越えた避難についても、国庫負担の対象とする。
⑤　避難所被災者の入浴機会の確保のため、避難所から近隣の入浴施設

の利用に係る経費は、災害救助費等負担金として、国庫負担の対象となる。

⑥　応急仮設住宅への早期入居を図るため、具体的な留意点を示し、積極的支援を行う。

⑦　応急仮設住宅の用地確保が困難な場合には、土地の借料も災救法の国庫負担の対象となる。

⑧　応急仮設住宅の建設用地における造成費および原状回復経費について、必要かつ合理的な範囲内で、災救法の対象とする。

⑨　被災３県（岩手・宮城・福島）の負担軽減のため、求償に関する事務処理を厚生労働省が代行する。

3 中央防災会議

1．中央防災会議の設置と役割

災対法は、わが国の災害対策の総合性・統一性の確保を図り、防災に関する最重要事項を審議する組織として、内閣府に中央防災会議を設置すると定めています（11条１項）。

中央防災会議の役割は、①防災基本計画の作成とその実施の推進（災対法11条２項１号）、②非常災害の際の緊急措置に関する計画の作成およびその実施の推進（同11条２項２号）、③内閣総理大臣・防災担当大臣の諮問に応じて、防災に関する重要事項（防災の基本方針、防災に関する施策の総合調整、非常災害の際の一時的必要緊急措置の大綱、災害緊急事態の布告等）の審議（同11条２項３・５号、11条４項１・２・３号）、④防災に関する重要事項について、内閣総理大臣および防災担当大臣への意見の具申（同11条４・６号）を行うことです。

中央防災会議は、また、①その所掌事務に関し、関係行政機関および関係地方行政機関の長、地方公共団体の長およびその執行機関に対し、資料の提出、意見の開陳、その他必要な協力を求めること、②その所掌事務の遂行について、都道府県および市町村防災会議に対し、必要な勧告も行うことができます（同13条１・２項）。

2. 中央防災会議の組織

中央防災会議は、内閣総理大臣（会長）と防災担当大臣をはじめとする全閣僚（18名以内）、指定公共機関（独立行政法人・日本銀行・日本赤十字社・ＮＨＫ等）の代表者（４名）および学識経験者（４名）で構成されています（災対法12条）。

なお、中央防災会議には、専門的事項を調査するため、専門委員会を設置し、中央防災会議の所掌事務に関し、会長・委員の補佐役として、幹事会を設けることもできます（同12条６・８・９項）。

3. 防災基本計画

中央防災会議が作成する防災基本計画は、毎年検討を加え、必要に応じて修正されていますが、わが国の災害対策の根幹に係わる計画であり、それ故、「防災分野の最上位計画」であるともいわれています。この点、災対法は、防災基本計画の中で定めるべきテーマについて、次のように規定しています（35条１項）。

①　「防災に関する総合的かつ長期間な計画」。

②　「防災業務計画及び地域防災計画において重点をおくべき事項」。

③　「防災業務計画及び地域防災計画の作成の基準となるべき事項で、中央防災会議が必要と認めるもの」。

そして、この防災基本計画に基づいて、指定行政機関（中央省庁等）および指定公共機関は防災業務計画（両機関の所掌事務・業務について作成する防災計画）を作成し、また、地方公共団体は地域防災計画（都道府県・市町村の地域に係わる防災計画）を策定しています。

4. 防災基本計画の見直し

東日本大震災は、これまでの国の防災対策で想定された事態をはるかに超えた大災害であったため、今後予測される地震・津波対策のあり方を大きく見直すことが必要となりました。この点、政府は、2011（平成23）年４月、中央防災会議を開催し、「東北地方太平洋沖地震を教訓とした地震・津波対策に関する専門調査会」の設置を決定しています。

新たに設置される中央防災会議専門委員会では、東日本大震災を想定できなかったことを深く反省し、巨大津波にも対処できる防災対策を構築するよう国と自治体に求めるとともに、東日本大震災の地震・津波の発生メカニズや被害状況の正確な把握・分析を行い、災害対策に関係する法規、防災体制、救助活動の仕組み等について、全面的見直しを行う予定です。また、避難施設、避難路、津波警報などの情報伝達、さらに、防災教育や避難訓練のあり方を再検討し、ソフト・ハード両面にわたって、取るべき手段を包含した総合的な災害対策のネットワークづくりに前進することとなっています。

4 政府の防災に関する組織対応

[redacted]

現行災対法は、災害が発生した際の応急対策の組織として、国レベルでは、２種類の対策本部の設置を定め、災害応急対策の迅速かつ的確な推進を図っています。

1. 非常災害対策本部の設置と役割

内閣総理大臣は、非常災害が発生した場合、当該災害の規模、その他の状況により、災害応急対策を推進するため、特別の必要があると認めるときは、臨時に内閣府に非常災害対策本部を設置することができます（災対法24条１項）。また、非常災害対策本部長には、国務大臣をもって充てることにしています（同25条１項）。

さらに、非常災害対策本部の役割は、①指定行政機関および地方公共団体の長等が、防災計画に基づいて実施する災害応急対策の総合調整、②非常災害のための緊急措置の計画実施などの事務を担当することとなっています（同26条）。

2. 緊急災害対策本部の設置と役割

今回の東日本大震災の発生に伴い、内閣総理大臣を本部長とする緊急災害対策本部が、災対法制定以来初めて設置されました。災対法によると、内閣総理大臣は、著しく異常かつ激甚な非常災害が発生した場合、閣議にかけて、臨時に緊急災害対策本部を内閣府に設置することができるとなっています（28条の２、１項）。

内閣総理大臣を本部長とする緊急災害対策本部は、阪神・淡路大震災の経験を踏まえ、1995（平成７）年の災対法改正により設置可能となった組織であり、国の総力を挙げて災害応急対策を強力に推進するための役割を果たすシステムです。今回の大震災の際には、発災当日に設置され、災害応急対策に関する基本方針を決定しています。なお、非常災害対策本部および緊急災害対策本部ともに、必要に応じて、当該対策本部の事務の一部を行う組織として、被災地に内閣府副大臣等を本部長とする現地災害対策本部を置くこともできます（災対法25条６項、28条の３、８項）。

3. 災害復旧・復興関係の組織

(1) 復興構想会議

災対法は、災害の復旧・復興に関する組織づくりには、直接触れていません。阪神・淡路大震災時には、「阪神・淡路大震災復興の基本方針及び組織に関する法律」に基づき、内閣総理大臣を本部長とし、全閣僚で構成される「阪神・淡路復興対策本部」が、当時の総理府に設置にされました。

この点、今回の大震災の場合、発災１ヵ月後、閣議決定により、「東日本大震災復興構想会議」が設置され、内閣総理大臣に「復興への提言」を提出しています。なお、復興構想会議は、「復興への提言」に先立ち、「復興構想７原則」を策定しています。それを要約すると、以下の通りです。

A　失われた多くの「いのち」への追悼と鎮魂こそ生き残った者にとって、復興の起点である。

B　被災地の広域性・多様性を踏え、地域・コミュニティ主体の復興を基本とする。

C　東北地方の再生のため、潜在力・技術革新力を活かした復旧・復興を目指す。

D　地域の強い絆を守り、災害に強いまち、自然エネルギー活用型地域の建設を進める。

Ｅ　大震災からの復興と日本再生の同時進行を推進する。

Ｆ　原発事故の早期収束を求め、原発被災地への支援と復興に一層の配慮を払う。

Ｇ　大災害を自らのことと受止め、国民全体の連帯と分かち合いにより、復興を実施する。

(2)　東日本復興対策本部

2011年６月制定の「東日本大震災復興基本法」に基づき、内閣総理大臣を本部長、内閣官房長官（復興対策担当大臣）を副本部長とする東日本復興対策本部が設置されました。また、内閣に、復興施策の企画・立案・総合調整・実施等を行う復興庁を、期限を限って置くことになりました。なお、政府は、復興庁については、今後早い時期に法制上の措置を講ずることとし、将来復興対策本部を廃止し、同本部の役割を復興庁に引き継ぐことにしました。

(3)　復興庁

2011（平成23）年12月、復興庁設置法が新たに制定され、2012（平成24）年２月に、復興対策本部に代わる組織として、復興庁が発足しました。ただし、復興庁は2020年度末には廃止されます。また、前記復興構想会議は廃止され、代わって、被災自治体の首長や有識者からなる復興推進委員会を設置し、復興施策の進み具合などを監視することになりました。

5 自治体の防災体制

1. 地方防災会議

災対法は、都道府県に都道府県防災会議（会長：知事)、また、市町村に市町村防災会議（会長：市町村長）を置くと定め（14条、16条)、各防災会議が作成する防災計画に基づき、各種の災害対策を実施する体制を構築しています。

都道府県防災会議は、都道府県地域防災計画を作成し、その実施を推進します。しかし、国の防災基本計画に基づいて策定される防災業務計画に抵触するものであってはなりません（災対法40条1項)。また、市町村防災会議が作成する防災計画も、防災業務計画および都道府県地域防災計画に抵触する内容のものであってはならないのです（同42条1項)。ここには、防災基本計画に基づく災害対策を一体的に実施して行こうとする防災思想があります。

2. 地方災害対策本部

災対法は、都道府県および市町村の地域において、災害が発生または発生するおそれがある場合には、それぞれ知事・市町村長を本部長とする災害対策本部を設置できるとしています（23条1・2項)。

3. 自治体間の相互協力

災害対策の一環として、災害発生時における自治体間の相互協力体制の確立は、極めて重要な必要事項です。阪神・淡路大震災は、自治体間の相互協力の必要性を痛切に感じさせました。この点、現行災対法は若干の規定を設けています。

第１は、被災市町村長による他の市町村長に対する応援要請の規定です。市町村長は災害が発生し、応急措置を実施するため必要と認めるときには、他の市町村長に対し応援を求めることができます。この場合、正当な理由がない限り、応援を拒否することはできません（災対法67条１項）。

第２は、市町村による都道府県知事に対する応援要求および応急措置実施要請の規定です。市町村長は、応急措置実施の必要性がある場合には、各レベルの知事に対し応援を求め、または応急措置の実施を要請することができます。知事は、正当な理由がない限り、同様に拒んではなりません（同68条）。

第３は、知事による他の知事に対する応援要求の規定です。つまり、知事が災害応急措置の必要性を認めた場合、他の知事に応援を求めることができ、正当な理由なしには、拒否はできません（同74条１項）。

第４は、地方公共団体間の相互協力の努力義務規定です。各自治体は都道府県および市町村の災対法上の責務を果たすため、必要があるときには、相互に協力するように努めなければならないのです（同５条の２）。

最後に、自治体相互応援協定の締結に関する努力義務規定があります。自治体は相互に緊密な連携のもとに協力し、災害対策の実施を図ることが望まれています（同８条２項12号）。

4. 防災対応の仕組み

現行災対法上では、災害応急対策は、第１次的には「基礎的な地方公共団体」である市町村において災害対策本部を設置し、実施することになります（災対法５条）。そして、都道府県（同４条）と国（同３条）は、災害の状況に応じて、市町村の応急対策活動を助け、かつ緊密な連携のもとに協力して、その活動を実施することとなります。つまり、災害が発生すると、まず市町村が初動対応し、ついで都道府県が動き、最後に国が乗り出すという仕組みになるわけです。

しかし、自治体の対応能力を超える大規模災害発生に際しては、国の支援が不可欠となるため、それに対応する新たな法律の早期制定の必要性が過去しばしば議論されてきました。この点、阪神・淡路大震災の発生の際、復興基本法が制定され、国と地方公共団体とが適切な役割分担の下に相互協力する、という防災対応の仕組みに関する基本理念の確立をみました（同２条）。今回の東日本大震災復興基本法では、「国と地方公共団体との適切な役割分担」に加え、国と自治体の「相互の連携協力」と「全国各地の地方公共団体の相互の連携協力」という基本理念が新たに確立されました（２条２号）。

けれども、東日本大震災復興基本法は、国が復興の基本方針を定め（３条）、自治体は、その「基本理念にのっとり、かつ、東日本大震災復興基本方針を踏まえ」（４条）、防災計画の策定・実施に係ることになりました。そのため、国と自治体の関係は、防災対応の仕組み上、垂直的な上下関係に入ったと解されています。

6 消防

1. 消防関係の法律規定

わが国の消防に関する法律は消防の任務について、火災から国民の生命・身体・財産を保護するとともに、火災または地震等の災害を防除し、これらの災害による被害を軽減することである、と定めています（消防組織法1条、消防法1条)。そして、そのための国の行政機関として、総務省外局に消防庁を置き、さらに、市町村に消防機関（消防本部・消防署・消防団）の全部または一部を設けなければならないとしています（消防組織法2条、9条。以下、消組法とする。)。

2. 消防組織

⑴　消防庁

消防庁は、その長を消防庁長官とし、消防制度および消防準則の企画・立案に関する事務を担当します。同庁は、通常、災害発生時には災害対策室を設置し、被災地からの情報収集を行います。そして、関係都道府県に対し、A消防機関の相互応援、B緊急消防援助隊体制の確立、C情報の収集・伝達体制の構築、D警戒・避難体制の推進などの対策を講ずるように要請します。

今回の東日本大震災の場合には、創設以来初めて消防庁長官が、災害の発生により非常事態が生じた市町村の応援・支援の緊急消防援助隊に対し、出動を指示しました（消組法44条5項)。なお、緊急消防援助隊とは、消防の応援等を行うことを任務として、都道府県または市町村に属する消防隊員および施設によって構成される部隊を指します（同45条1項)。

⑵　消防本部・消防署

市町村は、その消防活動を実施するため、消防本部および消防署を設置しなければなりません。消組法によれば、消防本部・消防署の設置・位置・名称および消防署の管轄区域は、市町村の条例で定め、かつ、消防本部の組織は市町村の規則、消防署の組織は市町村長の承認を得て、消防本部の長（消防長）が定めることとなっています（消組法10条、12条)。

⑶　消防団

消防団の設置・名称・区域は条例、その組織は市町村の規則で定めます

（消組法18条1・2項）。そして、消防本部を置く市町村においては、消防団は、消防長または消防署長の指示のもとに行動し、消防長・消防署長の命令がある場合には、管轄区域外においても行動することができます（同18条3項）。

3. 消防庁の主な災害対策活動

消防庁の主な災害対策を挙げると、以下の通りとなります。

① 消防庁では、大規模な災害発生時に出動し、効果的な消防応援活動を行うために、全国の消防機関から予め登録され、高度の資機材を装備した緊急消防援助隊を用意し、自治体からの応援要請を受け、被災地に同部隊を派遣します。

② 消防庁は、震度情報ネットワークシステムにより、全国の自治体の3000以上の地点に設置した震度計から観測される震度情報を、同庁に即時収集し、広域応援体制の迅速な確立に利用しています。

③ 消防庁は、津波警報・緊急地震速報・噴火警報などの緊急情報を人工衛星により送信し、住民に瞬時に伝達する全国警報システムを整備しています。

④ 消防庁では、自治体の首長や防災担当幹部職員および消防団員に対して、消防大学校において、各種の研修や危機管理セミナーを実施し、防災に関する人材の育成・活用に努めています。

4. 消防の防災力の低下

近年、地域の消防防災のカナメといわれる消防団の防災力の低下傾向が大きな問題となっています。消防団は、災害時の消火・救助活動に重要な役割を果たします。特に、消防本部・消防署が置かれていない非常備消防町村においては、消防団の存在は極めて重大な意味を持つといえます。ところが、かつては200万人以上であった消防団員数は、2007（平成19）年には89万人まで減少しています。また、消防団員の高齢化という新たな問題も生じ、50歳以上の団員の割合は増大の傾向にあります。

こうした消防団員の減少化・高齢化問題は、地域の消防の防災力の低下を象徴するものであるといえます。そのため、今後、消防団の強化をどのように図っていくべきかが、大きな課題です。

7 警察

1. 警察の任務と責務

警察は、消防と同様、災害から直接国民を保護する重要な担い手です。この点、警察法は、国民の生命・身体・財産を保護し、公共の安全と秩序の維持に当たることをもって、警察の任務・責務とする、と明確に定めています（1条、2条1項）。また、警察活動は、厳格にその任務と責務の範囲に限られるべきものであって、任務と責務の遂行に当たっては、日本国憲法が保障する国民の権利および自由を侵害するなど、その権限を濫用することがあってはならないとも定めています（同2条2項）。

2. 警察組織に関する法律規定

(1)　国家公安委員会

内閣総理大臣の所轄の下に置かれる国家公安委員会（委員長：国務大臣）は、国の公安に係る警察運営をつかさどり、警察行政に関する調整を行うことにより、国民の権利と自由を保護し、公共の安全と秩序を維持する任務に従事します（警察法5条1項）。そして、同委員会は、その任務を達成するため、「民心に不安を生ずべき大規模な災害に係る事案」について、警察庁を管轄することとなります（同５条２項）。

⑵　警察庁

災害応急対応組織としては、国家公安委員会の下に置かれる警察庁は、極めて大きな役割を果たします（警察法15条、16条）。

なぜならば、警察庁は、国家公安委員会の管理の下に、同委員会の所轄事務を遂行することになるからです（同17条）。そして、警察庁はまた、同庁の所轄事務について、都道府県警察を指揮監督する国の機関でもあります（同16条２項）。

3. 警察庁の災害対策活動

警察庁の過去の災害応急対策活動を整理すると、以下の通りです。

①　災害警備本部、災害情報連絡室および災害警備連絡室を設置し、災害情報の収集や関係機関との連絡調整を行う。

②　機動警察通信隊による災害警備活動に必要な警察通信の確保に当たり、官邸等へ現場映像の伝送を実施する。

③　各都道府県警察に対し、危険箇所を中心としたパトロールの強化および関係機関と連携した被害情報の把握を指示し、大規模な災害発生に対する警察広域緊急援助隊（警視庁・道府県警察における都道府県の枠を越えた広域的災害対策の専門部隊。）の救出・救助体制の確立を指導する。

東日本大震災に関しては、災害発生後、警察庁は、被災地域以外の各都道府県警察に対し、緊急の応援活動を指示・要請し、大規模な初動対応を迅速に行いました。そして、全国の警察機関からチームを派遣し、広域緊急援助隊や機動隊および警察用航空機（ヘリコプター）を出動させ、被災地の県警察と一体となって、被災者の救出・救助および行方不明者の捜索活動を実施しています。

さらにまた、人命の救助や緊急物資の輸送に必要な車両の通行を確保するため、災対法の規定に基づき（76条、76条の３等）、高速道路および幹線道路の通行路（緊急交通路）の確保に全力投球しました。

4. 警察官の職務

警察官職務執行法では、警察官は、国民の生命・身体に危険を及ぼし、財産に重大な損害を及ぼすおそれのある天災等の事態が発生した場合には、危害を受けるおそれのある者に対し、その場の危害を避けるために、避難させる措置をとることができる、と定めています（４条１項)。警察官のこの職務は、災害発生時における応急対策として、極めて重要な役割を果たすといえます。

東日本大震災発生時においては、警察官は、住民の安心と安全を確保するため、警戒区域周辺の道路上の検問や各エリア内における警戒・警ら活動などに関して、関係自治体とも連携して、各区域の治安維持の強化に取り組みました。

8　自衛隊

1. 災害派遣

自衛隊法では、都道府県知事は、天災地変の災害に際して、人命または財産の保護のため必要であると認める場合には、自衛隊の派遣を防衛大臣に対し要請することができると定め（83条１項)、かつ、この要請があり、事態がやむを得ないと認めるときには、防衛大臣が自衛隊を派遣することとなっています（83条２項）。この派遣が、いわゆる災害派遣といわれているものです。

自衛隊災害派遣の要請は、都道府県知事が行うことを原則としていますが、知事に対して、市町村長による派遣要請の要求もできることとなっています（災対法68条の２、１項）。また、市町村長は、派遣要請の要求ができない緊急の場合には、直接防衛大臣に災害状況を通知することができ、当該通知を受けた防衛大臣が、緊急を要し、知事の要請を待ついとまがないと認めるときには、その要請を待たないで、自衛隊の派遣を決定することもできます（災対法68条の２、２項）。

このような災害派遣に関する手続きとは別に、災害事態に照らし、特に緊急を要する場合には、知事の要請がなくても、防衛大臣またはその指定する者は、自主的判断で自衛隊派遣を行うことができます（自衛隊法83条２項但し書き）。これが、いわゆる自主災害派遣です。

市町村長の通知に基づく災害派遣や警察官がその場にいない自主派遣時における自衛隊の権限拡大規定（自衛隊法94条の３）は、阪神・淡路大震災で、致命的な発動の遅れが指摘され、その後の法律修正による追加措置です。これまで、自衛隊の自主災害派遣に関しては、2008（平成20）年６月に起きた岩手・宮城内陸地震で、両県知事の要請もありましたが、陸上自衛隊のヘリが、要請前の地震発生16分後に、自主的に災害現地に向かった例があります。

ところで、自衛隊の災害派遣は、直接侵略および間接侵略に対し、「わが国を防衛することを主たる任務とし」ている自衛隊にとっては（自衛隊法３条１項)、災害応急対策に係る本来の担い手である消防や警察活動に対し、従たる担い手として、それらを補助・補完する行動であると解されています。しかし、今回の東日本大震災においては、実際上、「機能不全・喪失に陥った消防・警察に代わり、自衛隊が主たる担い手とならざるを得なかった」、という指摘もあります。自衛隊は、災害活動に関して、いまや不可欠の大きな存在となってきています。

なお、自主派遣を含む災害派遣の自衛隊撤収は、派遣を要請・要求した都道府県知事および市町村長の要請・要求の取り下げにより、防衛大臣・陸上自衛隊各方面総監・師団長らの撤収命令に基づき行われます。

自衛隊法では、災害派遣のほかに、地震防災派遣および原子力災害派遣を認め、それぞれ一定の要請があった場合には、防衛大臣は部隊等を支援のため派遣することができる、と定めています（83条の2、83条の3）。

2. 防衛省・自衛隊の災害活動の実態

防衛庁時代を含む防衛省および自衛隊の主な災害対策活動を挙げると、次の通りになります。

① 知事からの災害派遣の要請を受け、車両や航空機により、高齢者・孤立予想世帯や公共施設等の除排雪、緊急車両の通行確保のための除排雪および雪崩予防措置の実施（豪雪災害）。

② 防衛省内に災害対策連絡室を設置し、また、知事の要請の受け、人命救助活動、行方不明者の捜索活動、孤立住民の避難支援、堤防決壊の予防措置、土砂流出未然防止の水防活動、給水支援活動等の実施（豪雨災害）。

③ 知事要請を受け、物資（毛布）の貸付および倒壊家屋等の撤去を行う（竜巻災害）。

④ 知事要請を受け、給食・給水支援、入浴支援等を行い、ヘリコプターからの映像により、迅速な情報収集の実施（地震災害）。

⑤ 災害対策連絡室を設置し、知事からの要請を受け、偵察活動、物資（糧食・飲料水・施設機材・投光器）の輸送、道路啓開・堆積物の除去の実施（台風災害）。

東日本大震災の場合では、防衛省は、陸・海・空自の部隊による統合任務部隊を編成し、最大時、約10万7千名による人員で、被災者の捜索・救助活動を展開しています。また、訓練以外で初めて、自衛隊法に基づき、即応予備自衛官・予備自衛官を招集しました（75条の２、75条の９）。

9 災害医療

[redacted]

1. 災害医療の実施基準に関する法的規定

災害医療活動に関しては、厚生労働大臣の定める程度・方法・期間・実費弁償の基準により行います（同基準５条）。この基準によると、①災害医療は、「災害のため医療の途を失った者に対して、応急的に処置するものであること」、②救護班において行うこと。ただし、やむを得ない場合は、病院・診療所において、医療を行うことができる、③医療は、診療、薬剤・治療材料の支給、処置・手術・その他の治療および施術、病院・診療所への収容、看護の範囲内において行うこと、④医療のため支出できる費用は、救護班による場合は、使用した薬剤・治療材料・破損した医療器具の修繕費等の実費とし、病院・診療所による場合には、国民健康保険の診療報酬の額以内、施術者による場合は、協定料金の額以内とすること、⑤医療実施期間は、災害発生日から14日以内とする、と定められています。

2. 災害医療活動に関する法律規定

(1) 知事の発する従事命令

災対法71条は、知事が災害応急措置を実施するため、特に必要と認めるときには、一定の命令を発することができると定めています。この点、災救法は、具体的に、知事が医療従事者（医師・薬剤師・保健師・看護師等）

に対し、医療救助業務に従事するよう命ずることができる、としています（24条１項）。医療従事者に係わる費用は自治体が支弁し、一部国も負担します（33条、36条）。

⑵　厚生労働大臣の応援命令

厚生労働大臣は、知事が行う救助活動について、他の知事に対し、応援をするよう指示することができます（災救法31条）。

⑶　日本赤十字社の協力義務および日本赤十字社への委託

日本赤十字社（以下、日赤という。）は、災害救助活動に協力しなければならないし、また、政府は日赤に対し、地方公共団体以外の団体・個人が行う救助協力に関する連絡調整を行わせることもできます（災救法31条の２）。さらに、知事は、救助またはその応援の実施に関する必要事項を日赤に委託することができます（同32条）。なお、日赤が委託された事項を実施するために支弁した費用については、都道府県から一定額を補償することとなっています（同34条）。

3. 災害時の応急医療活動

一般的には、災害が発生すると、被災直後から、被災地内の医療従事者が医療機関に参集し、応急医療活動を実施するなどの自律的な活動が各地域において開始されます。しかし、地方公共団体や被災地内の医療機関の対応能力を超える大規模な広域災害の場合には、被災地外からの被災地に対する応急医療活動が必要となります。

このような場合には、災害派遣医療チームや広域医療搬送など、全国的規模による応急医療活動が展開されることとなります。

⑴　災害派遣医療チーム

被災した都道府県が厚生労働省に要請して派遣されるのが、災害派遣医療チーム（DMAT）です。文部科学省も、国公私立の全大学病院に対し、DMATの派遣を要請することがあります。

東日本大震災の場合には、12日間で、約340チームが岩手・宮城・福島・茨城4県において、病院支援や広域医療搬送等の救護活動を行っています。これらのほか、日本医師会が、被災地における医療支援のため、各都道府県医師会内に日本医師会災害医療チーム（JMAT）を組織し、東北エリアに派遣しました。また、日赤救護班・自衛隊医療班も出動しています。

⑵　広域医療搬送

広域医療搬送は、重傷者のうち、被災地内での治療が困難であり、被災地外の医療施設において、緊急に手術や処置を行うことにより、生命・機能の改善が十分期待される患者を、被災地外の医療施設まで迅速に搬送し、治療することを目的とする活動です。

東日本大震災の際には、被災地外での高度な医療の提供および被災地内の医療負担の軽減を図るため、広域医療搬送が実施されました。なお、広域医療の中心となる災害拠点病院は、全国に約600ヵ所あります。

第2章

防災・災害関連情報

1 地震関連情報

1. 地震の予測・予知

気象庁のwebサイトでは、地震関連情報が発表されています。また、地震速報や過去に起きた地震の情報などを調べることができます。この他に、地震調査研究推進本部のwebサイトでは、全国各地の今後30年間に震度6弱以上の揺れに見舞われる確率などの情報が公開されています。

気象庁によると、地震を予知するということは地震の起こる時、場所、大きさの3つの要素を精度よく限定して予測することを意味しています。

地震を予知することは、被害を軽減するために最も役に立つことです。地震が起きる時を限定するためには、地震の予測される地域で科学的な観測が十分に行われ、常時監視体制を整えていることが欠かせません。しかし、そのような常時監視体制が整っているのは「東海地震」だけです。

「東海地震」とは駿河湾付近からその沖合いを震源とする、マグニチュード8クラスの地震をいいます。現在、「東海地震」の前兆現象を観測するために、東海地域およびその周辺に各種の観測機器が設置されています。これらの機器の観測データは気象庁に集められ、常時監視されています。しかし、そのような「東海地震」でさえも必ず予知できるとは断言できません。

それ以外の地震についても、現在の科学技術では、あいまいな予測や一部の小さな地震を予測する程度であれば可能ですが、地震が起きる時を確実に予知することは不可能です。

しかしながら、現在の日本の地震に関する科学技術は世界一だといっても過言ではありません。地震が起きる時をより確実に予知することが可能になる日もそう遠くはないでしょう。

2. 被害想定

地震における被害の想定をする場合は、過去の地震の再来や、存在する活断層が活動する場合など、今後起こる可能性が高い地震における被害を想定します。地震における被害を想定することによって、どのような被害が発生するかを推定し、防災対策の基礎的資料とすることができます。このように被害を想定することで、政府と自治体が被害を軽減するための防災対策が可能となります。しかし、確実に起きるかわからない地震の被害を想定することは、かえって人々に不安感を与える可能性もあります。

地震における被害の想定は、建物被害や、人的被害（死傷者、避難者、帰宅困難者など）、交通、ライフラインなどの被害を、季節や時間帯、風速などの様々な状況に分類してなされます。

地震における被害の想定の例としては、地震が就寝時間帯に起きる場合、建物倒壊による死傷者が多くなることが挙げられます。事実、阪神・淡路大震災のとき、早朝の5時46分に発生したため、建物倒壊による死傷者が最も多くなりました。また、通勤・通学時間帯に地震が起きると、移動中の被害者が多く発生すると想定され、さらに、運行中の交通機関の交通機能支障による影響力拡大の危険性も高くなると想定されています。

2 防災関連情報としての地図

1. 防災関連地図の入手方法

防災関連地図には地震向けの地図、洪水向けの地図と様々な種類のものがあります。それらの地図は発行元である各自治体の窓口で入手することが可能です。手元に防災関連地図がない場合は、地元の自治体に問い合わせてください。また、各自治体ではwebサイトから防災関連地図のPDFファイル等をダウンロードができるようにしていますので、そちらも利用ください。

2. 防災関連地図の種類

防災関連地図はハザードマップともいわれ、自然災害による被害を予測し作成されます。この地図には、被害の発生地点や拡大範囲、その程度などが記載され、さらに避難場所や避難経路なども書かれています。その対象が地震に対してのものなのか、洪水に対してのものなのか、そして各自治体によっても、その名称が異なります。ここでは代表的なものを紹介いたします。

a：洪水ハザードマップ・内水ハザードマップ

河川の氾濫などで洪水が起こった場合の被害想定と避難場所、避難経路などを表した地図です。

b：高潮ハザードマップ・津波ハザードマップ

地震に伴う津波や台風による高潮が発生した場合の被害想定と避難場所、避難経路などを表した地図です。

ｃ：土砂災害ハザードマップ

土石流や崖崩れなどが発生した場合の被害想定と避難場所、避難経路などを表した地図です。

ｄ：火山ハザードマップ

火山の噴火による災害の発生した場合の被害想定と避難場所、避難経路などを表した地図です。

ｅ：地震ハザードマップ

地震による液状化現象や火災などが発生した場合の被害想定と避難場所、避難経路などを表した地図です。

ｆ：防災マップ

上記のように特定の災害に特化した地図ではなく、全災害対応型の避難場所、避難経路などを表した地図を特に防災マップと言い表すことがあります。

3. 防災関連地図の利用方法

防災関連地図を手に入れてさえいれば万全ということにはなりません。平時より防災関連地図に書かれた避難場所を確認し、避難経路通りに避難できるかを確認しておく必要があります。災害時に地図だけを頼りに行動することは非常に危険です。常日頃より十分に対策をとっておきましょう。また、家族内でも有事に備えて避難場所や避難経路について十分に話し合っておきましょう。そうすることにより、防災関連地図はただ持っているだけよりも何倍も役に立つことになります。

3 防災関連情報の入手先

災害に備えるという観点からは、第1に的確な情報を把握することが要求されます。同時に、防災に対する意識を高めることも重要です。ここでは災害に備えるための必要な情報の入手先を「日常生活」、「災害が予測されている時」という２つの観点から整理します。また、「日常生活」においては家族間で事前に災害時に情報を入手できなくなる場合の対策についても指摘をします。

1．日常生活

普段から防災に対する意識を高めておくとことは重要です。例えばeカレッジは消防庁が防災危機管理情報を提供しています。

○　eカレッジ：http://www.e-college.fdma.go.jp/

また、内閣府の提供する防災情報のページは防災に関する総合的な情報を提供しており、一読しておくことをお勧めします。

○　内閣府　防災情報のページ：http://www.bousai.go.jp/

同時に、家族の防災に対する意識を高めるとともに、災害発生時の対応を話し合って共有することは非常に重要です。自分の住む地区の一時避難場所および広域避難場所または地域内待機地域であるか否かを確認することが必要です。

家族内では、情報共有をする方法を確認しておく必要があります。例えば、災害伝言板はその１つです。子どもがいる場合は、各学校の避難方法を確認しておくことが必要です。また、落ち合う場所等を約束しておくことも重要ですが、被災状況によってはその場所に入れない場合もあるので、様々な可能性を考慮しておく必要があります。日頃からｅカレッジや内閣府防災情報のページを参考として、家族で話し合いをしておくことが肝要です。

さらにまた、災害時には電力事情や被災状況によって通常の通信手段がとれなくなる可能性があります。それを見越して、情報の入手手段を複数準備しておく必要があります（例：ラジオや防災無線など)。

2. 災害が予測されている時

現在の科学技術の水準から、予想できる災害には限界があります。例えば、台風等、気象的な災害に対してはある程度の予測が可能ですが、東海地震以外の地震は数秒前の予測しかできないのが現状です。従って、日頃から可能な限りの情報入手の準備とそれができない場合の覚悟をもっておく必要があります。

○　気象庁：http://www.jma.go.jp/

風水害や東海地震等の自然災害に対しては、気象庁が随時情報を更新しています。また、地方自治体のホームページおよび地方新聞社のホームページにも目を通すことをお勧めします。まずは地方自治体の情報を把握し、その指示に従って行動することが第１です。さらに、地方新聞社のwebサイトは、その地域で起きたことに関する情報を迅速に提供してくれます。特に、災害が発生した後に確認しておくことが必要です。

4 避難所とその生活

[redacted]

ここでは、避難所の種類について説明します。併せて、避難所生活における留意点について言及します。

1. 避難所の種類

最初に避難所の種類について整理します。ただし、避難所の分類は各地方自治体によって異なります。災害救助法23条の救助に関する項目の中では、「収容施設の供与」と規定されているだけで、細かな運用については各都道府県に任せられています。

従って、名称や避難所の種類は各地方自治体によって多少異なることを理解してください。また、地震や津波、洪水などの災害の種類によって避難所が異なる場合もあります。地方自治体のwebサイト等で確認しておきましょう。ここでは、3つの典型的な分類に従って説明します。

○ 一時避難所：災害時に一時的に退避する場所。

○ 指定避難所：災害時に居住不能な場合の一時的滞在施設。

○ 広域避難所：災害時に居住不能な場合の長期的滞在施設。

災害が発生した当初には「一時避難所」に移動します。その避難所が危険になった場合、ないしは行政等から指示があった場合には「指定避難所」に移動します。長期的な避難が必要になったと判断された場合には「広域避難所」へ移ることになります。避難所での生活では限られた情報を全員で正確に共有する必要があります。

また、障害者や心身に衰えがある高齢者など、避難所での生活において特別な配慮を必要とする方のための「福祉避難所」があります。しかし、災害当初は同じ避難所に入ることが想定されます。従って、お互いに助け合い、支え合いながら災害を乗り越えねばなりません。

災害が発生すると、「（地域）防災活動拠点」と呼ばれる、自衛隊活動の集合拠点となり、応援・緊急物資の集積・配送基地、応援ヘリコプターの離着陸場所となるものがあります。

2. 避難所生活における留意点

避難所生活は長期化することを想定しなければなりません。東日本大震災では、発生して半年以上もの長期に渡り、避難所生活を送っている方がいます。

同震災においては、第１に「情報共有」の不足が指摘されていました。十分な情報共有体制を構築する必要があります。例えば、「衛生意識向上の注意」、「インフラの復興状況」、「交通情報」は最低限必要なものです。日常とは異なる環境で共同生活をする以上、そして、病気等を流行らせないために「衛生」意識を喚起しなければなりません。「インフラの復興状況」を伝えることは帰る目処を立てるためにも重要です。「交通情報」はどこかに移動する際に、また、他の地域から偶然その避難所に入った方が移動するために必要です。「公的機関が公表した情報」も復興状況の現状を把握するために伝える必要があります。これらを避難者の目に必ず入る場所にスペースを確保して掲示する必要があります。

災害時には人間は莫大な不安感から情報の認識が普段のものとは異なります。いずれの情報も正確な情報でなければなりません。

5 地区内残留地区

1. 地区内残留地区とは何か

地区内残留地区とは、地震発生時に市街において火災延焼の可能性が低いとされ、別途、防災関係機関などから避難勧告・命令がない場合には広域的な避難を要することはないと指定された地区のことを指します。

東京都の震災対策条例により指定されるため、当該地区が存在するのは23区内を中心にした東京都内に限られています。

地区内の不燃化が進み、火災が発生したとしても、大規模火災の恐れがなく、広域的避難を必要としない区域として、2008（平成20）年２月時点では都内33ヵ所、約90㎢が地区内残留地区に指定されています。

2. なぜ指定されるのか

東京都、特に下町と呼ばれるような地域に代表される木造住宅密集地域において、地震発生後に気をつけなければならないのが、火災の発生とその延焼です。

地区の不燃化が進んでおらず、住宅も密集しているために、広範囲に延焼する可能性が非常に高いこれらの地域では、鉄筋コンクリート建造物のように、耐火性を有する建物への建替えや延焼の拡大を抑えるための防火帯の整備などが進められています。

一方で、耐火性を十分に有していると見なされる建物が多く、不燃化が進んだ地域一帯では、火災による延焼と被害の可能性が低いとされるため、広域避難場所を特に指定しなくともよいとされています。

これが地区内残留地区のことを指し、都心部のオフィスビル街や繁華街を中心に指定されています。

3. どのように指定されるのか

地区内残留地区の指定は東京都都市整備局によって、５年に１度行う「地震に関する地域危険度測定調査」の結果をもとになされています。

この地域危険度測定調査では、地震災害発生時に、地域内における建物の倒壊の危険性を測定・評価した建物倒壊危険度、出火の可能性と延焼の危険性を測定・評価した火災危険度、これら２つを総合的に判断・評価した総合危険度によって、地震発生時の危険度を５段階で評価しています。地区内残留地区は特に火災危険度の観点から指定されたものといえます。

4. 地震発生時に地区内残留地区にいた場合

地震の発生直後、人の集中している都心部などでは、避難の際に混乱や混雑に巻き込まれる可能性があります。それを避けるためにも、地区内残留地区にいる場合にはすぐに避難を開始するのではなく、建物内に留まり、被災状況を確認することが望ましいとされています。

その後、避難指示や避難の必要がある場合には、身の安全に留意しつつ、指定された場所に移動するようにしてください。

6 安否情報

ここでは、安否確認の仕方について述べます。具体的には①インフラに基づく安否確認伝言板、②避難所における伝言板・掲示板の利用方法についてまとめます。

1. インフラに基づく安否確認伝言板

「インフラに基づく安否確認伝言板」とは、電話やインターネットを用いた掲示板のことを指し、所在情報を伝えるために使われます。

災害用伝言ダイヤル

○NTT東日本：http://www.ntt-east.co.jp/saigai/voice171/

○NTT西日本：http://www.ntt-west.co.jp/dengon/

災害用伝言ダイヤルとは、災害発生時に被災地への通信の増加に伴い、つながりにくい状況になった際に使われるものをいいます。

○　伝言を登録する場合：171＋１＋被災者の市外局番からの番号。

○　伝言を再生する場合：171＋２＋被災者の市外局番からの番号。

171にかけた後で、アナウンスに従って伝言を登録する場合は１を、電号を再生する場合は２をダイヤルします。その後に、他の人から連絡が来る可能性の高い電話番号を市外局番からダイヤルし、案内に従って登録・再生をします。

オンライン伝言板

○　web171：https://www.web171.jp

NTT東日本、NTT西日本の２社は共同で災害用ブロードバンド伝言板としてweb171を提供しています。また、携帯・PHS各社は災害時に各社のパケット通信サービスを用いて、災害伝言板に登録・閲覧できるサービスを提供しています。現在では、「全社一括検索」を開始しており、被災者の伝言を各事業者の災害伝言板で一斉に検索できるようにしています。詳細は各携帯電話事業者のwebサイトを見てください。

2. 避難所における伝言板・掲示板の利用方法

掲示板は避難所での情報共有ツールとして非常に重要です。ここでは、避難所外にいる人に向けた安否情報の発信という観点から整理します。

避難所外にいる人に対して、「避難所にいる人」の安否に関する情報を発信する必要があります。従って、「避難者の名簿」、「避難者人数」、「避難者の属性（地域など）」、「その他特記事項（国籍等）」を避難所外の人でも入手しやすいようにすることが必要です。

同時に、避難所に来た人が伝言を残せるように準備を整えることも必要です。実際に避難所に行くと、家族や友人などを探している人が想像以上に多くいます。

電話等がうまく機能しないことを想定して、紙などの通信手段が有効になることが多くあります。気軽に伝言を残せるように掲示板等を有効活用しましょう。災害発生時には、いつもよりも他の人が何を欲しがっているのか、お互いに温かい気配りをすることが求められることを心に留めておきましょう。

7　帰宅困難者と情報

1. 帰宅困難者とは

東京都の「東京における直下地震の被害想定に関する調査報告書」によると、帰宅困難者とは、「自宅が遠隔なため、帰宅をあきらめる人々や、一旦徒歩で帰宅を開始したものの途中で帰宅が困難となり、保護が必要になる人々」と定義しています。この調査報告書では、自宅までの距離が10kmを超えると１km増すごとに１割が挫折し、20kmを超える距離では全員が帰り着けないとされています。帰宅困難者は公共交通機関を利用する人々を主に想定していますが、それだけではありません。自家用車を利用した場合に大地震等の災害に遭遇し、大渋滞が発生することによって帰宅が困難になる場合も考えられます。

2. 帰宅困難者心得10ヵ条

東京には、毎日、多くの通勤や通学、買い物客が他県から入ってきます。大災害により交通機関が機能停止に陥った場合、多数の帰宅困難者が発生します。東京都は以下のような帰宅困難者心得10ヵ条を提唱しています。

① あわてず騒がず、状況確認

② 携帯ラジオをポケットに

③ 作っておこう帰宅地図

④ ロッカー開けたらスニーカー（防災グッズ）

⑤ 机の中にチョコやキャラメル（簡易食料）

⑥ 事前に家族で話し合い（連絡手段、集合場所）

⑦ 安否確認、災害用伝言ダイヤル等や遠くの親戚

⑧ 歩いて帰る訓練を

⑨ 季節に応じた冷暖準備（携帯カイロやタオルなど）

⑩ 声を掛け合い、助け合おう

3. 帰宅困難者に起きる問題

帰宅困難者には、帰宅するための情報が最も必要なものとなります。この問題は、スマートフォンの普及や各通信会社の災害対応サービスなどによって、解決されつつあります。一方、断水や停電などによって、トイレの不足（首都直下地震が起きると、東京23区では地震が起きてから2時間後には約81万7000人がトイレに行けない状況になる。）や飲食物の不足などの問題も発生します。また、休憩するスペースの不足や、季節や悪天候によって他にも様々な問題が発生します。災害時帰宅支援ステーション

（コンビニエンスストアや居酒屋など）では、①水道水の提供　②トイレの使用　③地図等による道路情報、ラジオ等で知り得た通行可能な道路に関する情報の提供など、可能な範囲で協力することになっています。

4. 帰宅困難者対策

東京都は、2012（平成24）年３月から都内の企業に３日分程度の水や非常食の備蓄を求めること、JR東日本や私鉄など都内の鉄道事業者に駅構内を開放して利用者を一時保護することを求める条例の制定を目指しています。政府や自治体は様々な帰宅困難者対策を積極的に検討中です。今後、災害時における帰宅困難者の減少が期待できます。

8 災害と個人情報保護

災害時における個人情報の取り扱いについては、誤解が多く、そのことが原因でさらに被害が大きくなる場合があります。ここでは、このような災害時における個人情報の取り扱いについて確認します。

1. 個人情報とは

個人情報とは、住所、氏名、電話番号、e-mailアドレス等、特定の個人を識別できる情報のこととされています。特定の個人を識別することができない情報は個人情報とはなりません。

2. 災害時における個人情報保護の問題

災害時における個人情報の提供について、その個人が負傷しており、自ら情報提供に対して同意を与えることができない場合、問題となります。

個人情報は本人の同意がない場合は収集できないことを原則としています。災害時においても、この原則通り本人の同意がない限り個人情報を提供できないという誤解が多いようです。しかし、本人の同意がなくても、人の生命、身体または財産の保護のために必要がある場合であって、本人の同意を得ることが困難である場合は、個人情報を提供できるとされています。このことから本人が事故のため、個人情報を提供できず、また、そのことについて本人の同意が与えられない場合でも、災害時においては救急隊等に本人の個人情報を提供することが可能となります。

経済産業省の「個人情報の保護に関する法律についての経済産業分野を対象とするガイドライン」では、「急病その他の事態時に、本人について、その血液型や家族の連絡先等を医師や看護師に提供する場合」には、個人情報の提供をすることが可能であるとされています。

3. 緊急連絡網の問題

大災害への防災対策の一環として緊急連絡網の整備を考えている企業やマンション管理組合も多いかと思います。このような緊急連絡網には、個人の電話番号やe-mailアドレス等が含まれるので、連絡網として配布する場合、配布した連絡網に様々な保管方法がとられるため、連絡網の作成を担当した者が管理することが非常に困難になります。そのため企業や学校をはじめとして緊急連絡網を作成しないところが増えています。

しかしながら、防災という観点から緊急連絡網を作成することが有用であり、不可欠と考えるのであれば、緊急連絡網の利用目的、緊急連絡網が悪用された場合の危険性等を説明し、理解してもらい、緊急連絡網の適正な取り扱いに関する注意事項の遵守を徹底させる等の対策を十分に講じた上で作成し、配布すれば問題はありません。

経済産業省の「個人情報保護ガイドライン等に関するＱ＆Ａ」では、「緊急連絡網等は、それを取り扱うことが必要な関係者に限定して共有するのが原則であると考えられます。そのためには、それを取り扱うことが必要な従業者以外の不特定多数の目に付く場所に備え置くことを避けるなど、盗難や紛失といったリスクに対する合理的な対策が求められます。」とされています。

9　ペットの保護と情報管理

災害発生時にはペットも被災者となります。ここでは、飼い主がペットのために準備しておくべき事柄を挙げておきます。

1. 備えておくべきもの

災害に備え、飼い主がペットのために準備しておくべきものは、以下のものが考えられます。

⑴　食べ物と飲み水

災害時のためのペット用の食べ物と飲み水を１週間程度は用意しておきましょう。その際、留意すべき点は、食べ慣れているものであることと、保存がきくものであるということです。

⑵　薬

災害時におけるペットの怪我や発病に備えて、薬等を用意しておきましょう。怪我の対処について、獣医師の指導を受けておくと、災害時に大いに役に立ちます。ペットが普段から決まった薬を飲んでいる場合は、予備の薬について獣医師と相談しておきましょう。

⑶　避難用具

ケージ等を用意しておきましょう。災害時には移動方法が制限されることが大いに想定できます。その際、ペットを安全に移動させるのにケージ等に入れて運ぶのが一番適しています。普段からケージ等に入ることに慣れさせるようにしましょう。

⑷　鑑札や迷子札

災害時には、ペットが逃げ出して行方不明になってしまうことがあります。犬の場合は、首輪に鑑札や狂犬病予防注射済票を、猫やその他の動物の場合は、首輪に迷子札をつけ、ペットの名前、ペットの住所、飼い主の氏名、飼い主の連絡先をしっかりと記入しておきましょう。このような、鑑札や迷子札は体外に装着するため、外れる可能性があります。外れても飼い主が誰かわかるように、マイクロチップを装着することを強くお勧めします。

2. ペットの情報管理

ペットを登録することによって、そのペットがどんな名前で、どこに住んでいて、飼い主が誰かということが証明されます。このことは災害時に次のようなメリットがあります。第１に、そのペットが野良犬や野良猫ではなく、飼われていた動物であることが証明されます。第２に、そのペットの飼い主が誰であるかが証明されることによって、災害時に離ればなれになっても、飼い主のもとに戻ってくる可能性が高まります。また、ペットを保護した人が自分のペットだと主張しても、その主張を退けることが可能となります。

このように、ペットの保護という観点からペットを登録し、情報管理をしておくことが大切です。飼い犬の登録は狂犬病予防法によって義務づけられていますので、必ず登録をするようにしましょう。登録については、地元の市区町村におたずねください。さらに、任意のマイクロチップによる登録を強くお勧めします。猫やその他の動物については、登録は義務づけられていません。しかし、これらの動物についても任意のマイクロチップによる登録が必要であると思います。

第3章

ライフラインの復旧と整備

1 上水道

1. 災害時の状況

震災直後から、一定の割合で断水となることが想定されます。また、マンション等の高層建築物においては、しばらくは給水タンク内の貯留分を活用できますが、被災状況によっては、停電により給水ポンプが停止したり、物理的にもタンクまで近づけない場合などによって、結果的に断水状態に陥ることも想定されます。

阪神・淡路大震災、新潟中越地震、東日本大震災など、過去の震災では、被災状況、復旧に要するまでの期間などは、下表のとおりです。

過去の主な震災（発生日時）【規模：最大震度】	復旧期間
阪神・淡路大震災（1995/1/17AM5:46）【M7.3：震度７】	約70日
新潟中越地震（2004/10/23PM5:56）【M6.8：震度７】	約65日
新潟中越沖地震（2007/7/16AM10:13）【M6.8：震度６強】	約18日
東日本大震災（2011/3/11PM2:46）【M9.0：震度７】	約60日

2. 自衛隊等の救援活動（給水）

震災直後に被災地に自衛隊が派遣され、救援活動が展開されますが、その初動期においては、現場での生存者救出や消火活動などが優先され、給水活動が十分に展開されるまでには、時間を要することが予想されます。

実際に、東日本大震災において、防衛省のホームページで、陸上自衛隊の活動状況を見てみると、被災地において給水活動が展開されたのは、震災当日の３月11日から３日後の３月14日からとなっています。

3．３日間程度の必要量を備蓄

上水道に関しては、生命を維持する上で飲料水としての確保が最も重要です。しかし、道路の寸断など状況により、給水支援活動が地域で十分に展開されるまでには、相当の期間が必要となることもあります。

従って、各家庭やマンション管理組合等において、災害から３日間程度の期間は、最低限生命を維持するために必要な一人当たり一日３リットルを目安に、飲料水を備蓄しておくことが望ましいと思います。

備蓄については、自治体などでも行っていますが、被災状況によっては、地域が孤立することも想定し、自らの防衛策をとることが重要です。

4．浄水器のいろいろ

周辺に河川や池などがある場合や、都市部では小中学校のプールの水、家庭内ではお風呂の水、トイレのタンクなど、被災しても保水されている状況下であれば、浄水器の利用で飲料水を確保することも可能です。様々な浄水器が販売されており、各地域やマンションの実情にあわせて、各家庭や組合等で検討し、備えておくことも必要です。

2 下水道

1．災害時の状況

大きな揺れや地割れなどにより管路が寸断されたり、断水により水を流せないために利用できないことが想定されます。こうした状況下で最も困ることは「トイレ」です。

災害時に備えて、一般的に水や食料については対策を講じている事が多いようですが、トイレについては意外と対策がとられていない傾向にあるようです。トイレは、衛生面での問題もありますので、災害時に備えて対策を検討しておくことが必要だと思います。

さらに、千葉県のある市では、地盤の液状化による被害で下水道が使用できなくなり、緊急措置として下水を河川へ放流するなどの例も記憶に新しいところです。

下水道の復旧は、応急的な復旧はともかく、完全に復旧するまでにはかなりの期間を要する場合があるようです。東日本大震災においては、管路の被害はもとより、津波により沿岸部の処理場などの下水道施設において甚大な被害がありました。

下水道は個人や管理組合の力だけで対策できるものではありませんが、災害時に備えて、まずは身近なトイレ問題として、どう対処しておくべきかを考えておくことが必要だと思われますので、そうした観点から以下考察します。

2. 仮設トイレ設置の限界

災害時に自衛隊や行政などにより仮設トイレの設置などが行われたとしても、設置する数にも一定の限界があります。また、東日本大震災でもあったようですが、設置された仮設トイレの汚物処理について、バキュームカーでの処理作業が追いつかず、設置されても汚物がたまったまま使えない状況だったりしたものもあるようです。

3. 震災直後から対応できる備えを

トイレ用の水の使用は、一人当たり一日約30ℓの水が必要となりますが、上水が断水し水が流せないことを前提に対策する必要があります。災害直後、お風呂の残り湯があれば、飲料水の確保状況を見極め、トイレに流すことはできますが、量的にも十分ではなく、建物側の排水設備の支障があれば、汚物を流すことができなくなってしまいます。

そこで、各家庭でも対策として、レジャー用などの携帯用トイレや、災害用簡易トイレなどを常備しておくことが考えられます。また、マンション管理組合等においては、災害用簡易トイレなどの常備のほか、耐震の浄化槽や災害時のマンホールなどの設置も新たに検討されています。

さらに、地域にある公園（防災公園）などの災害時の活用についても、平常時に地元行政などからの情報を入手しつつ、地域の実情に応じた対策を講じておくことが望ましいと思います。

3　電気

1．災害時の状況

災害直後は、比較的短期間ではあるものの、停電を想定した対策を検討する必要があります。停電の復旧に要する期間は比較的短く、応急復旧から完全復旧まで１～２週間程度のようです。

電気は、主に照明としての利用のほか、近代生活における電気製品や上下水道の給排水設備、さらには、通信手段としての電話などの動力源でもあったりします。生活インフラのなかでは、比較的早期に復旧が見込まれるものです。ただ、東日本大震災では、原子力発電所の停止に伴い電力供給能力そのものが逼迫し、計画停電などの措置がとられたことは記憶に新しいことです。

2. 火災を発生させないよう初期対応を

アイロンやホットプレートなど、電化製品のうちの熱器具関係は、コンセントからプラグを抜いてしまえば火災発生の防止となりますが、ガス漏れの状況下でむやみにスイッチを切ったり、プラグを抜いたりすると、火花が出てガスに引火する危険性もあります。また、観賞魚用の水槽のヒーターなどもプラグの抜き忘れが発火源となるようですので、避難所等へ移動する際には、分電盤のブレーカーを切ってしまうことがよいようです。

3. 代替手段

停電時において、まず困ることは照明の代替手段の確保です。高層住宅などの共用部では、非常灯のほか、エレベーターや消防設備などは非常用発電機で対応することになっていますが、各住宅内で代替手段を確保しておく必要があります。照明のほか、正確な情報を得るためのラジオやテレビ、インターネットなどの電源も必要となりますが、代替手段としては、乾電池（蓄電池）が一般的です。

最近では、非常用蓄電池なども家庭用などの汎用商品が開発されていたり、一部の自動車メーカーからは、ハイブリット車のバッテリーを活用して電力供給するものもありますので、どのような代替手段が確保できているのか、確認しておく必要があります。

4. 災害時における発電機や蓄電池のいろいろ

発電機や蓄電池は様々な商品があります。各地域やマンションの実情にあわせて、各家庭や組合等で検討し、備えておくことが必要です。

電気は、インフラのなかでも応急復旧が比較的早期に実現されますが、災害直後は停電となることが想定されます。とくに高層住宅などは、上層階への物資等の運搬手段としてのエレベーターの動力源としての確保などがポイントとなりますので、非常用電源の発電機と燃料の確保や備蓄方法などとの整合性を踏まえ、災害時に十分機能するのか検討のうえ、対策しておく必要があります。

4 ガス

1．災害時の状況

都市ガスの場合、ライフラインのなかでも、復旧に要する期間は安全確保のために比較的長く、数ヵ月程度を要するようです。LPガスの場合では、比較的短い期間で、１～２週間程度のようです。

ガスは、調理、給湯や暖房としての利用がありますが、主に調理としての利用においては、災害直後からしばらくの間は、非常食や救援物資で我慢し、ガスを使っての調理の必要性はそれほど高くはないと思われます。また、入浴などの給湯についても、短期的に生命維持の観点からみればそれほど必要性が高いものでもないと思われます。さらに暖房などについては、衣服や毛布などで代用した対応が可能です。

都市ガスでは、ガスメーターに安全装置が付随しており、地震時など一定以上の揺れや使用量などで、自動的にガスを遮断してくれます。しかし、状況が落ちつき、ガスの供給に問題がない場合、手動で安全装置を復旧する必要があります。機器により復旧方法が異なりますので、一度、ご家庭で復旧方法を確認しておくことも必要です。

2. 火災を発生させないよう初期対応を

都市ガスやLPガスでは、安全装置の設置が法制化されていますので、震度５強程度の揺れで、自動的にガス供給は遮断されるはずですが、ガス栓やメーターの元栓を締め、室内は窓をあけるなど換気を行うことが重要です。ただし、換気扇などの電気製品は、スイッチを入れると、火花によりガスに引火する危険もありますので注意が必要です。屋内外を問わずガス漏れを感じたら、ガス会社へ連絡するようにしましょう。

東日本大震災の津波による被害で、LPガスのボンベが流出した家屋とともに流れる映像は記憶に新しいところですが、時折、押し流されてくる瓦礫から白いガスが噴出している映像が見受けられました。こうしたガスに何らかの要因で引火すると、木材などに燃え移り、大規模な火災の一因ともなり得ますので、ガスの元栓を締めるなど、災害直後の初期対応をしっかりととることも重要です。

3. 代替手段

ガスはカセットボンベ型のコンロを代用するなど、代替手段もありますが、とくに屋内では、災害時に給排気設備への支障が生じるなどの可能性があるため、不完全燃焼に気を配る必要があります。窓をあけるなどの換気を行いながら、使用していくことが必要です。

また、給湯などについては、鍋やヤカンでお湯を沸かす代替として、比較的復旧の早い電気により、電気ポットでお湯を沸かすなどの代替手段もあります。お風呂は、短期的には必要性が低いと思われますが、１週間、１ヵ月と時間の経過とともに、何とかしないとならない問題でもあります。阪神・淡路大震災の体験談では、電気ポットでお湯を沸かし、それを水でうすめて、かろうじて行水程度の湯船で、３ヵ月間ほど対応していたとの例もあります。

5 廃棄物

[redacted]

1. 災害時の状況

災害直後には、震災ゴミとして、倒壊した家屋や破壊された車、家電などが、震災の規模にもよりますが、道路上などに散乱したりして、救助活動の妨げにもなります。また、二次的には、一般の生活ゴミや避難生活におけるし尿等の汚物ゴミの処理については、行政においても通常時とは異なり、人員の確保や道路事情等から対応が困難な状況になります。

さらに、こうした廃棄物は保管場所など、個人的には如何ともし難い問題が発生します。とくに先の東日本大震災においては、原発事故により、放射性廃棄物の問題もありましたが、原発事故でなくとも、建築物にはアスベストのような有害物質が含まれている可能性も十分にありますので、瓦礫の扱いにも注意が必要となってきます。

また、ゴミの焼却処分施設などの被災に備えて、行政サイドでは広域的に連携協定を結ぶなどの対応や処理施設の耐震化等々適宜対策を講じていますが、行政サイドが復旧し、応急的でも機能の回復がなされるまでに、個人単位あるいはコミュニティー単位で災害時に廃棄物を扱う場合を想定し、震災直後から数日間の対応を検討しておく必要があります。

2. 震災ゴミ

屋外に散乱した倒壊建物の瓦礫などについては、個人レベルでは仕方ないものの、屋内で割れた茶碗や食器類などの陶器やガラス類などについては、行政から回収の通知があるまでは、建物周辺の道路や建物屋外への放置は、ゴミがゴミを呼ぶように、そこがゴミ置き場と勘違いされ、どんどんゴミが持ち込まれる要因にもなりますので、予め各家庭や管理組合単位で、一定程度の期間、保管しておくことが望まれます。

3. 副次的に生活ゴミを発生させないような支援物資の受領を意識する必要性

支援物資は、必要な箇所に必要な物資が行き届かないことは問題ですが、逆に必要以上に消費期限の短い食品（おにぎり、貸しパン）などの救援物資を受領することも、後々処分に困惑する要因にもなります。

また、過去の災害時の事例で、全国各地から送付されてきた古着などの衣類、毛布類について、一時は大量に倉庫に保管し、後々、行政が高額な費用をかけて処分した例もありますので、個人やコミュニティー単位で必要最小限の物資を効率よく確保することが求められます。

こうした点では、効率的にマッチングすることが重要な要素となっており、東日本大震災時にもインターネット等の活用により、阪神・淡路大震災時に比較してみると進歩し、避難所ごとに救援物資等のマッチングを行うサイトなどが活躍したことは記憶に新しいことと思います。

一方、インターネットのサイト以外にも平常時に、例えば、行政の姉妹都市のように、マンションの管理組合同士で、いくつかの協力体制を平常時から構築しておき、平常時にはコミュニティー活動の一環で交流するなどの工夫も必要と思われます。

4. 避難生活におけるし尿等処理（汚物ゴミ）

避難生活において、最も身近な問題として、し尿の処理が挙げられます。上水道が普及しないと、水洗トイレが使用できないため、臭気や衛生対策を中心に、対策を検討しておくとよいでしょう。

災害用トイレを検討する際、脱臭剤や消毒剤などといった対策も合わせて考えておくと、効果的な対応が図れると思います。一般家庭や管理組合単位では、簡易式トイレパックといった、ビニール袋にし尿を固める凝固剤や脱臭剤、除菌剤が配合されたもので、使用後は焼却処理できるタイプの製品もあり、こうしたタイプのものを用意しておくことが理想だと思います。実際に、過去の災害時の教訓として、貯留式の仮設トイレについては、ある程度水を流したり、かき混ぜたりしないと固形物がすぐに固まって盛り上がり、使用できなくなるといった事態を生じており、行政サイドでも簡易式トイレパックの備蓄を意識しています。

6 通信手段

[redacted]

1. 災害時の状況

　災害時には、災害時優先通信と呼ばれる電話以外は、混みあうと、被災地からの発信や、被災地への接続が制限されつながりにくくなります。一般に、公衆電話が災害時につながりやすいというのは、公衆電話が制限を受けない優先電話にされているからです。

　ただし、優先電話は、あくまでも「優先」であって、必ずつながるよう保証されているものではありません。また、発信が優先されるものであるため、被災地から発信する場合には公衆電話が比較的つながりやすくなっているということです。

　公衆電話は、いざというときのため、どこに公衆電話が設置されているのか、また誰もが思いつくような設置場所には長蛇の列ができることが予想されますので、混みにくい場所等意識しておくとよいと思います。さらに、状況次第では、受話器をあげれば無償で通話できるようになりますが、公衆電話はコインがいっぱいになると、コインでは使用できなくなりますので、テレホンカードを用意しておくことがよいでしょう。

ところで、災害直後は、被災地の家族や親戚、友人などの安否確認のための通話が集中し、固定電話や携帯電話がつながりにくいという輻輳状態が生じます。これは、被災地への電話が集中し、通話の規制がなされたためにつながりにくいということです。つまり、必ずしも被災地の相手方が電話に出られないほどの被害状況であるとは限りません。従って、被災地の正確な情報を入手し、何度も何度も繰り返しダイヤルすることは、かえって通信の混乱状況を長引かせる原因にもなりますので、状況を冷静に判断しながら対応することが必要です。

2. 災害時における心得

災害時には、家族との連絡などで電話等の通信手段に頼らず、避難所などへの避難などの際は、家庭内にメモを残したり、ご近所や知人に声をかけながら、自分の向かう避難場所などの情報を伝えておくことも有効な場合があります。また、デマや噂に惑わされないよう、非常用の携帯ラジオなどで正確な情報を入手し、冷静に対応することが重要です。例えば、携帯用ラジオのない場合でも、カーラジオなどが聞ける状況であれば、情報源として活用できますので、道路脇に止めた車の持ち主などにラジオをつけてもらうなども、情報を入手する1つの手です。

7 道路

[redacted]

1. 災害時の状況

（幹線道路）

災害時に緊急車両の通行を確保することが求められ、一般的には次のように段階的な交通規制が実施されます。

まず、災害が発生した直後は第１次規制として、交通の混乱を最小限にし、救出活動のための緊急車両の通行を円滑にするため、道路交通法に基づき現場での警察官の交通規制によって流入交通の抑制、通行路確保のための整理・誘導、救急・消防車両等の緊急車両の通行確保が行われます。

次に、必要に応じて、第２次規制として、災害対策基本法に基づき公安委員会の緊急交通路の指定による通行の禁止や制限によって緊急車両の通行確保、一般車両の通行抑制などが行われます。緊急交通路が指定された場合は、道路交通法で定めるパトカー、救急車などの緊急自動車のほか、緊急通行車両確認証明書や緊急通行車両標章の掲げられた車両しか通行できません。

（幹線道路以外）

一般的に交通規制の対象となるような幹線道路よりも、日常的に通行する道路においては、災害時に避難するための通行路として、通行に支障がないことが求められます。大規模な災害直後は、電柱の倒壊や建物などが倒壊するなどの状況で、通行の支障は、避難路の確保のほか、緊急初動対応を阻害、遅延させる要因ともなります。さらに、状況によっては、電線が通電したまま垂れ下がってきたり、建物からのガラスが落ちかけていたりするなど、危険性を見極めて通行することが必要です。

また、密集市街地などの細街路などでは、火災による２次的な被害が心配されます。過去の震災でも火災が発生し、阪神・淡路大震災でも木造密集地域での火災により、多くの死者が出たところです。

2. 帰宅困難者支援ステーションについて

災害時には、自己の安全を確保することが最も大切ですが、その後、やむを得ず徒歩で帰宅する場合に備え、各自治体などでは、独自に公共施設を支援ステーションに指定しているほか、民間企業と災害時における協定を締結するなどしています。

協定を締結している民間企業はガソリンスタンドをはじめ、コンビニエンスストア、ファミリーレストラン、ファーストフード店、居酒屋チェーン店、カラオケ店など多岐にわたります。こうした店舗では災害時には帰宅困難者への道路交通情報およびトイレや水の提供などが行われますので、予め自治体のホームページなどで確認しておくとよいでしょう。

8 液状化

1. 災害時の状況

液状化現象は、地震の揺れにより、地盤が液体のようになる現象で、砂地盤で地下水位が高い地域において、その被害が発生することがわかっています。液状化によって、地盤が建物を支えきれず沈下し、建物が傾いたり、地中のマンホールが浮力により地上に飛び出したり、地中の水や砂が噴出したりします。このほか、地中では水道管や下水管などの埋設管が破損したり、建物の基礎が破壊されたりします。

個々に液状化の対策を行っている地盤や、地中でより深い層にある支持層とよばれる液状化の心配のない硬い地盤まで杭を打ち込んでいる場合などでは、その建物自体が液状化で沈下したり傾いたりする直接的な被害の心配はそれほどありません。しかしながら、周辺地域が液状化すれば、周辺道路との段差を生じ、水道管やガス管などのライフラインの引き込み部分が破損し、結果的に建物自体も液状化被害を間接的に被ることになりますので、この点からも液状化対策の検討が必要です。

一般的に、湾岸の埋立地や河川沿い、沼や田んぼの埋め立てにより造成された土地などで、過去の地震により、液状化の被害が報告されています。先の東日本大震災においては、千葉県の浦安市や千葉市美浜区、東京のお台場などの埋立地、内陸では、埼玉県の久喜市の南栗橋地区などで液状化の被害が発生しています。

2. 液状化危険度を示すハザードマップ

各自治体等が、防災対策の一環で、液状化マップなどと称して、地域内の一定のエリアごとに液状化危険度を示すデータを公表していることがあります。これは、ある一定の目安にはなりますが、個々の宅地を個別に評価したものではなく、地震の強さや揺れの時間など、ある一定の前提条件のもとで判定されたものです。

また、液状化マップに限らず、一般的に多くのハザードマップは、一定のメッシュごとに危険度を評価していることが多く、自分の宅地がどのメッシュなのか、場合によっては複数のメッシュにまたがっている場合など、あくまでも参考にする程度と考えておいたほうがよいと思います。

3. 液状化対策

土地やマンションなどを購入する前であれば、液状化マップや過去の地歴を調べるなどにより、液状化の危険性を判断の１つの材料に、物件購入時の参考とすることができます。また、こうした液状化対策工事を施した物件を選択することも可能と思います。しかし、先祖代々の土地や既に購入している物件などが、液状化の懸念のある宅地だとしたら、その対策はどうすればよいのでしょうか。これについては、各事業者でも様々な工法を開発しているようですが、まずは、建築家などの専門家で構成されている団体に相談されることをお勧めします。

第4章

衛生管理と安全対策の中身

1 環境衛生管理の法令

衛生管理に関する法律としては、1970（昭和45）年４月に「建築物における衛生的環境の確保に関する法律」（建築物衛生法）が公布、同年10月13日から施行されています。

１条（目的）では、「この法律は、多数の者が使用し、又は利用する建築物の維持管理に関し環境衛生上必要な事項等を定めることにより、その建築物における衛生的な環境の確保を図り、もつて公衆衛生の向上及び増進に資することを目的とする」、と定めています。そして、２条（定義）では「この法律において『特定建築物』とは、興行場、百貨店、店舗、事務所、学校、共同住宅等の用に供される相当程度の規模を有する建築物（建築基準法（昭和25年法律第201号）第２条第１号に掲げる建築物をいう。以下同じ。）で、多数の者が使用し、又は利用し、かつ、その維持管理について環境衛生上特に配慮が必要なものとして政令で定めるものをいう」とし、「政令においては、建築物の用途、延べ面積等により特定建築物を定めるものとする」、となっています。また、「建築物における衛生的環境の確保に関する法律施行令」では、１条で特定建築物、２条では建築物環境衛生管理基準が定められています。

さらに、2009（平成21）年、財団法人ビル管理教育センターに設置された建築物環境衛生に関する総合検討会報告で、建築物衛生管理の定義を次のようにしています。

「建築物環境衛生は、人の健康及び生活に有害な影響を及ぼし、あるいは及ぼす可能性のある、建築物に関わる内外の環境要因を制御するとともに、人の活動に関して快適、安全、かつ、機能的な環境を確保することである」。また、建築物環境衛生管理の定義を次のようにも述べています。

「建築物環境衛生管理は、多数の人々が使用・利用する建築物において衛生的な環境を確保し維持管理する技術的な業務であり、建築物環境衛生を実現するための手段である」。

建築物環境衛生の大きな特徴としては、建築物内部の環境と健康に関する課題を解決することを目的として、医学と建築学が中心となって、複数の科学の専門分野が有機的な関連を持ちながら連携していることです。

2　災害と衛生管理・安全対策

[redacted]

1. 衛生管理問題の発生

災害発生後、被災地では衛生管理に関する問題が長期間にかけて発生します。すなわち、災害発生直後被災地では傷病者の運搬や被災者の避難により医療機関では治療する傷病者を選別し、救命治療を最優先に行うため、トリアージの準備・実施していく必要があります。また、遺体は安置所への運搬を徹底し、発生する悪臭や感染症を抑えることが大切です。

災害発生数日後以降は通常とは異なる環境、飲食料不足、心身の疲労から被災者の免疫力は低下しているため、感染者が増加する恐れがあります。ライフラインの途絶が考えられ、避難所などでは衛生環境の悪化は加速します。トイレは流せなくなり、排泄物が蓄積するため、悪臭や感染症の温床となり、手や体を洗うことができないため、被災者は不衛生な状態で生活することがあります。また、井戸水や時間の経過した水は、飲料水として不適となる場合もあり、飲用することにより、集団感染が発生する可能性があります。空調設備が動かなくなり、室内環境の管理ができないために、暑さや寒さによる体調の悪化や、機械換気が不可能のため、インフルエンザ等の空気感染が発生しやすい環境を形成する恐れがあります。そのような劣悪な環境のため、飲料水や食料の汚染に注意が必要です。長期間体を動かさないことによるエコノミークラス症候群などの循環器系の疾患や栄養不足などからの体調不良も、起こる可能性があります。

さらに、仮設住宅は市街地から離れた郊外や山里に作られることが多いため、生活に支障が生じます。また、仮設住宅の狭さや室内環境の管理などの施設に関する問題や、入居は抽選による決定が多いために、震災前の地域共同体は壊れてしまい、新しい環境、人間関係の形成や経済・雇用面、高齢者の孤独化といった将来の不安などから、うつ病などの精神的な問題も発生します。

停滞水や放置された食料の腐敗などは、ボウフラや蛆の発生源となり、蚊、ハエなどの感染症を媒介している害虫が大量発生し、感染症を広めます。被災ゴミの撤去やがれき仮置き場では、粉塵が舞い上がり、その中には建築資材から発生するVOCやアスベストといった化学物質やカビ、その胞子なども含まれているため、危険です。また、そのような場所は各種害虫の温床や悪臭の原因となります。

2. 安全対策の内容

衛生環境を確保するには自治体や被災者同士の連携が大事です。避難所や医療機関では、アルコール消毒液をトイレや食料配給場所といった共同使用箇所に配置し、定期的に共同部の清掃、ゴミ処理、換気などを行い、施設を清潔に保つことが重要です。また、廃棄物や排泄物などの処理や炊き出し時には、手袋やマスクを着用し、細菌感染を抑える必要があります。

井戸水や備蓄水を使用するときには、煮沸やろ過の簡易処理を行ってからの飲用が望ましいのであります。健康維持のために、積極的に活動に参加し、体を動かし体力の維持を心がけることが大切です。

ゴミの撤去やがれき仮置き場での活動では、飛まつ感染の予防のため、マスクの着用をし、害虫の発生を抑えるために、殺菌、消毒を行うことが必要です。

避難所や仮設住宅については、居住環境を向上させること、巡回診療や介護などを定期化するなど、居住者の生活を支援するコミュニケーションなどのシステム作り、精神科医などにより、精神的な面のケアも行う必要があります。

3 トリアージ

1. トリアージの意味と目的

多数の傷病者が発生する現場において、医療に従事可能な人材や医療資材には限りがあります。そのような状況の中で、最大多数の人命を救助するために傷病の緊急性・重病度によって４つの区分に分類し、治療の優先度を決定するシステムが、トリアージといわれるものです。トリアージの目標は「負傷者の最大多数に対して、最良の結果を生み出す」ことであり、日常での医療活動とは大きく異なります。

災害発生時、医療従事者は多くの患者を診る必要があります。しかし、患者の中にも軽症で治療がさほど必要でない者、命の危機に直面している重症な者、そしてもう治療しても助からない者などがいます。一人でも多くの人命を救うためには、患者を区別し治療を行う必要があります。次の表はトリアージにおいての患者の区別と優先度を示しています。

分類	順位	識別票	症状の状態等
最優先治療群（重症群）	第1	赤	生命を救うため、直ちに処置を必要とする者。 多量の出血、ショックの危険のある者。
待機的治療群（中等症群）	第2	黄	多少治療の時間が遅れても、生命の危険がない者。
保留群（軽症群）	第3	緑	上記以外の軽易な傷病で、ほとんどが専門医の治療を必要としない者。
死亡群	第4	黒	既に死亡している者、または明らかに死亡状態である者。

東京都健康局「災害時医療救護マニュアル（平成８年３月発行）」

トリアージには１次トリアージと２次トリアージがあります。１次トリアージでは患者を診察し、赤、黄、緑、黒の４色で区別します。この区別作業を行うのは災害現場では救急隊員、救急救命士、先着した医師、被災病院では医師、看護師です。１次トリアージは負傷者の集結地区において行うため、災害発生と同時に被災病院ではそれを行うことのできる負傷者集結地区を設置する必要があります。負傷者集結地区において、トリアージ実施者がする処置は原則気道確保と外出血の止血のみにし、それ以上の応急処置をしてはならず、１人の負傷者に１分以上かけないよう心がける必要があります。この判断には一般的にはSTART（Simple Triage and Rapid Treatment）方式が活用されています。医療機器を活用せず、所見により判断を下すことができるため、多くの患者を診ることができるからです。実施者は診察後、患者にトリアージタッグを装着させます。

その後、医療関係者はトリアージタッグで確認し、患者の輸送や治療を行っていきます。負傷者は時間によって回復や悪化していくため、２次トリアージが重要です。処置待機中の患者などでは何度か２次トリアージの実施が必要となってきます。

被災病院には負傷者だけでなく、患者の家族、避難住民など怪我人以外も訪れます。そのため、被災病院のキャパシティを簡単に超えてしまいます。そのような状況は負傷者の治療や新規の負傷者の受け入れなどに影響を与え、トリアージの目的を十分に達成できません。そこで、避難住民やトリアージで緑（非緊急治療群）に分類され、症状が安定している負傷者には各避難所への移送を求める必要があります。

2. 災害拠点病院

(1)　災害拠点病院

阪神・淡路大震災の教訓を生かし、1996（平成８）年５月10日に実施された「災害拠点病院整備事業実施要綱」によって、被災地の医療の確保、被災した地域への医療支援等を行うための災害拠点病院（基幹災害医療センター、地域災害医療センター）が整備されました。

この要綱の目的は「次の災害医療支援機能を有し、二四時間対応可能な緊急体制を確保する災害拠点病院を整備することにより、災害時の医療を確保すること」です。

①　多発外傷、挫滅症候群、広範囲熱傷等の災害時に多発する重篤緊急患者の救命医療を行うための高度の診療機能

②　患者等の受入れおよび搬出を行う広域搬送への対応機能

③　自己完結型の医療救護チームの派遣機能

④　地域の医療機関への応急資器材の貸付機能

災害拠点病院には２種類あり、基幹災害医療センターは原則として各都道府県に１ヵ所設置し、地域災害医療センターは原則として２次医療圏に

1ヵ所設置するものとなっています。2011（平成23）年7月現在では、災害拠点病院は618病院。地域災害医療センターは561病院です。

⑵　災害拠点病院の耐震化

災害発生時、災害拠点病院には治療を求めて負傷者が運ばれます。災害による建物の損傷によって、医療環境を損なうことはできません。そのため、災害拠点病院の整備基準は、「救急診療に必要な診療棟は耐震構造であること」としています。しかし、国の方針としては「建物すべての耐震化が望ましい」とされており、災害発生時に負傷者の受入れを行い、治療行為を行うことが必要です。補助金制度も確立され、年々病院全体の耐震化も進んでいます。

⑶　災害拠点病院の非常時の備え

ライフライン途絶に備えて、災害拠点病院には電気系統のバックアップや水、食料、医療品等の備蓄が用意されています。

災害拠点病院の自家発電機の発電能力の平均は、通常時の71％となっています。救急医療や手術等の急性期の医療機能を稼動させるために必要な電力は、一般論としては通常時の5～6割となっていますが、電子カルテシステムなどの病院情報システム、空調や照明など病院での必要な機能を維持するためにも、余分の発電が重要です。また、発電機の燃料の備蓄量を3日分は確保する必要があります。

食料や飲料水、医療品等の救援物資が流通により各被災地に届き、配布されるまでの期間は3日とされているため、3日分は備蓄を持っていたほうがよいでしょう。病院には普段の入院患者だけでなく、災害発生後には多くの負傷者や病院関係者、被災者が避難所代わりに集まってくるため、そのような場合を想定して入院患者だけでなく予備備蓄も必要です。

4 災害時の飲料水・食料の衛生管理

1. 災害時の衛生管理の基本的考え方

大規模な震災が発生した場合には、地方自治体等による災害援助として飲料水や非常食が緊急に援助されますが、末端の住民までいきわたるには数日を要し、大規模震災の場合にはさらに日数が必要となります。食料に比べ、より緊急性が高い飲料水について、東日本大震災の仙台市の事例を見ると、市街地における水道復旧は平均して１から２週間またはそれ以上を要しています。この間は、個人やマンション組合等の保有する非常用物資に含まれる飲料水や食料で自活しなければなりません。地方自治体等の公的な援助が得られない期間を想定し、感染症等を防ぎながら最低限の健康を保ち、生命を維持する非常時の計画を立案し、シュミレーションや訓練を行っておくことが重要となります。

2. 飲料水の重要性

飲料水は人間にとっていかなる状況においても必要不可欠です。食料無しでも数週間は生きていけますが、水無しでは３～５日が生存の限度であるといわれています。成人の場合、体重の７％の水分を失うと脱水症状となり、10%以上を失うと生命の危険に陥ります。幼児や子供は、より脱水になりやすく注意が必要となります。日常生活では１日当たり、２～３ℓの水が必要と考えられ、生命維持に必要な水は１人１日1.5ℓと言われています。地方自治体等による給水等の支援が得られるまでの期間を想定し、生命維持に必要な飲料水量を確保しておくことは災害対策の最重要課題となります。

3. 飲料水の安全管理

災害時には、日常と同様の方法で飲料水を確保することは困難となり、井戸水や雨水の利用や備蓄水、マンションの専用水道の貯留水槽などを利用することとなります。井戸水や雨水、時間が経過した水は、飲用不適となることも考えられます。災害に備え事前に、煮沸やろ過の簡易処理を行った井戸水や雨水の飲用適否の水質検査を行っておくことも有益です。夏季などにおいては、飲料水が原因となる集団感染症の恐れもあり、これを予防するため簡易処理を行ってから飲用することが望まれます。

飲用水は無色透明であり、異臭や味も無く健康に影響を与えないものでなくてはなりません。このため、水道法による水質基準が以下のような要件で定められています。

⑴病原生物に汚染されていない。⑵シアン、水銀等の有害物を含まない。⑶異常な酸性、アルカリ性を示さず、鉄、銅、亜鉛、ふっ素などが許容量を超えて含まれない。⑷無色透明で異常な臭気、味を示さない。

これらは、水道法による水質基準として具体的な数値が定められていますが、災害時に雨水等をやむを得ず飲用する場合には、煮沸による病原生物の滅菌と布等による簡単なろ過を行い、無色透明で、味や臭気に異常がないことを確かめてから飲用することが衛生管理上必要となります。

4. 飲料水の備蓄、運用上考慮すべき事項

飲料水を確保することができた場合でも、飲料水の運搬等も重要な課題となります。上水水槽は地上に設置されている場合が多く、地上で飲料水を配る場合が多いと考えられます。特に高層階に居住する高齢者にとっては、マンションの高層階まで人力で水を運ぶのは大きな困難を伴います。

このため、飲料水を運搬する衛生的で持ち運びに適した容器を準備したり、運搬・分配の援助システムを事前に構築するなど、マンションや地域の状況に応じた計画を立案しておくことが重要となります。

5. 食料の衛生管理

災害時には、流通が長期間にわたり停止し、飲料水と同様に食料の自主的な調達は不可能となります。また、地方自治体等の援助が受けられるまでには時間がかかります。食事をしなくとも飲料水と異なり直ちに生命の危険を招くことはありませんが、食事を取ることは、身体の栄養状態を保つ衛生管理と精神的な安定による安全・安心の両面から重要となります。災害時の食料は非常食として備蓄することが容易であり、個人や管理組合で必要量を備蓄する必要があります。通常、備蓄される量は３～６日分が目安となります。

備蓄された非常食は、保存年数により更新する必要がありますが、毎年、防災の日等に、備蓄食料の更新と防災訓練をかねて、非常食を試食する団体も多くあります。

5 感染症予防の衛生管理

1. 感染症とは

災害時には、2次災害として感染症が発生する恐れが高く、感染症の基礎的な知識を含めた対応を準備しておくことが重要となります。

微生物（細菌やウイルス）が体内に侵入し、増殖することで起こる病気を感染症といいます。感染症に関する法律「感染症の予防及び感染症の患者に対する医療に関する法律」では、感染症を1類感染症から5類感染症、新型インフルエンザ等感染症、指定感染症および新型感染症と定義しています。感染症には、インフルエンザや赤痢のように人から人へと伝染する伝染性感染症と、破傷風などのように人から人へとは伝染しない非伝染性感染症があります。

感染経路による分類では、インフルエンザ、しょうこう熱、結核などの飛まつ感染、赤痢、コレラなどの経口感染、B型肝炎、C型肝炎、エイズなどの直接接触感染、トラコーマ、流行性角結膜炎などの間接接触、日本脳炎、マラリヤなどの昆虫などの媒介感染、狂犬病、破傷風などの経皮感染、などがあります。

発症する部位による分類では、インフルエンザ、ジフテリアなどの呼吸器系感染症、赤痢、細菌性食中毒などの消化器系感染症、日本脳炎、流行性髄膜炎などの脳・神経系感染症、はしか、しょうこう熱、風疹などの発疹性感染症に分類されます。

発症や経過の緩急による分類では、インフルエンザ、赤痢などの急性感染症、結核、ハンセン病などの慢性感染症に分類されます。

2. 災害時の感染症

災害時の感染症は、災害の種類や規模、発生からの経過時間、地域、季節、環境条件により、発生しやすい感染症の種類が異なり、その時々による適切な対策が必要となります。

(1)　災害直後の対応

災害発生時には、体力が消耗し精神的なダメージも大きくなります。医療機関も被災し機能しない場合も多く、感染症などに対しては自衛が必要となります。

災害に伴う外傷や熱傷などの応急処置が必要となりますが、医療機関での治療が受けられない場合を想定して応急処置を施します。災害時には外傷部が汚染されていたりする場合が多く、破傷風などのリスクが高くなります。また、外傷を負った人の救護を行う場合には、血液や体液に触れる恐れがあり、できるだけ手袋やマスクを着用して救護を行います。

(2)　災害発生数日後から数ヵ月の対応

災害により、被災者は通常とは異なる環境や飲料水や食事の不足から心身の疲労が蓄積し、免疫力が低下してきます。このような状態では、インフルエンザ等の伝染性の感染症が広がる恐れがあり、できる限りの予防策を講ずる必要があります。医療機関はある程度の機能を回復しますが、十分ではなく自主的な衛生管理を行います。

１週間から数週間以内では、風邪やインフルエンザなどの呼吸器系の感染症が起きます。また、飲料水や食料の汚染などにより食中毒や下痢症、ノロウイルスなどが流行しやすいので、飲料水や食料の加熱処理などが必要となります。

震災数ヵ月を経過した時点で流行が考えられる感染症として、ごみ処理の停滞や排水の不備などにより、蚊などの昆虫やねずみなどが媒介する感染症に注意が必要となります。さらに、共同のシャワーや浴場などでは、レジオネラの発生に注意します。特に風呂の湯を何日も使用した循環式の風呂は消毒剤による殺菌を行う必要があります。

3. 感染症対策

感染症を予防するには、感染経路を遮断することが効果的です。このため、次のような基本的な対応を行うことが重要となります。また、免疫力を維持するために、睡眠や休養、栄養の摂取を心がけます。

⑴飛まつ感染の予防としては、マスクを着用し、うがいを心がける。⑵避難所など集団で生活する場合は、布団やベットの間隔をできるだけ広げる。⑶炊き出しを行う場合には少しでも細菌感染を減らすため、手袋やマスクの着用を心がける。⑷数日保管した食料や雨水、川の水などは最低限、煮沸してから飲用する。⑸飲食の容器は衛生処理が確保される場合を除き共用しない。⑹居住する部屋の換気を行う。⑺ゴミ箱にはふたをして、汚物等は密閉して廃棄する。

6 避難所の衛生管理と自治

1. 避難所の意義と役割

避難所とは、災害時に仮に身を置く施設であり、生活の場となる重要な施設です。基本的には、震災で家を失ったり、安全上の理由で避難する人々を受け入れる施設です。安全が確保された学校や公共の施設が行政により指定されており、ほとんどで衣食住が提供されます。震災直後は、避難住民も多く、避難所が足りずに、地域の民間施設などが臨時の避難所となる場合もあります。

2. 避難所の目的

避難所はあくまでも仮の施設であり、避難生活は一時的なもので自分のことは自分でやるという普通の生活に戻るための１つの過程であると考えられています。しかし、大規模な災害では、避難生活が長期化することも多く、避難所での環境や心的要因を含めた衛生管理は重要となります。東日本大震災では、震災後３週間の間に高齢者を中心として不衛生や寒さによる死者が280人を超えたとの報道もあります。

3. 避難所生活

被災者の多くは着の身着のままで避難所に避難してくるため、初期段階では居住場所の確保や食料・飲料水も不足し厳しい状況となります。このような状況では避難者同士が相互に助け合うことが重要となります。助け合うことで信頼関係が生まれ、その後の避難所生活が円滑になります。避難所は、救援物資の配給や医療サービスの拠点となり多くの支援を受けられるが、避難生活が長期化すると、プライバシーの問題や近隣との心理的な負担がでてきます。日常の近所付き合いなどで気心が知れていれば、仲間として助け合える関係となり、精神的負担も少なくなります。また、支援物資の分配、衛生問題、健康問題など個人レベルでは対応できない問題も起こります。避難所内では協力して生活をするための自治組織などのシステムも必要となります。

4. 避難所での避難者の健康・衛生管理

被災初期には多くの被災者が殺到し、１人当たりのスペースも狭く、高齢者や障害を持つ要支援者などにとっては厳しい環境となります。また避難者の中には負傷者なども多く、被災者である医療関係者による応急手当や看護活動など、被災者相互の協力による健康管理が重要となります。

避難生活が長期化した場合には、粉塵や悪臭、寝具のカビなど生活環境の悪化に伴う健康への影響が起こります。また、睡眠不足や運動不足による体力低下などの問題も起こります。不便な生活による心身の疲労に対して、衛生面、健康面での対応が必要です。衛生面では、消毒液などを有効に利用してできるだけ手を清潔に保ち、不潔な状態により細菌が体内に侵入することによる下痢などを防ぐ配慮が必要となります。飲料水については、水道水などの飲用は感染症予防の面からも特に注意が必要となり、ペットボトルの水なども開封後長時間を経過したものは避けるようにします。健康面では、避難所内の清掃や食事の手伝いなど積極的に体を動かし、体力を維持します。

トイレも衛生管理上重要となります。不衛生なトイレはハエなどの発生や伝染性の病気の原因となることから、避難者が協力して清潔な状態を保つようにします。

5. 避難所の運営・自治

避難所は、自治体などにより開設されますが、狭い空間での共同生活をスムーズに行うためには、被災者同士の協力により自主的に問題を解決する自治組織が必要となります。自治体や支援者との交渉窓口や食料などの救援物資の分配、衣食住の基本生活に関わる共同生活のルールづくり、高齢者や介護が必要な弱者保護などを行います。また、避難者が避難所から仮設住宅などに移り、自主的な生活ができるよう必要な援助を行います。

6. 自治運営組織による避難所での衛生管理

⑴　感染予防のポスターなどで、避難者に周知します。⑵　アルコール消毒薬をトイレなどの共同使用箇所に置きます。⑶　定期的な換気、共用部の清掃、寝具の乾燥を行います。⑷　居住区の個人間の距離を２m程度とります。⑸　発熱、下痢などの症状があるときは、周囲に知らせます。⑹　オムツや廃棄物処理を行うときは、手袋・マスクを着用します。⑺　治療が必要な避難者がいる場合は、自治体、医療機関に通報します。⑻　衛生管理に必要な機材、薬品を調達します。

7 応急仮設住宅の環境と生活

(1) 仮設住宅の役割

仮設住宅の歴史は古く、1923（大正12）年の関東大震災の被災者を援護する仮設住宅が靖国神社境内に建設されています。現在では大きな災害時に、家屋や生活基盤を失った被災者が緊急時に一時的に身を寄せる避難所が開設されますが、中長期的な生活には適さないことは明らかです。このため、災害後できるだけ早い時期に、希望する被災者に対して仮設住宅が供与されます。仮設住宅は、災害救助法23条に規定されている災害救助の１つとして、災害により住家が滅失した被災者のうち、自らの資力では住宅を確保できない被災者に対して、仮設住宅を提供し、一時的な居住・生活の安定を図ることを目的としています。仮設住宅は、生活・住宅再建を行うためのベースとなる重要な役割をもつことから、入居を希望する被災者全員の早期の入居を目指して建設されています。悪条件が重なった東日本大震災においても、被災直後から建設が進められて

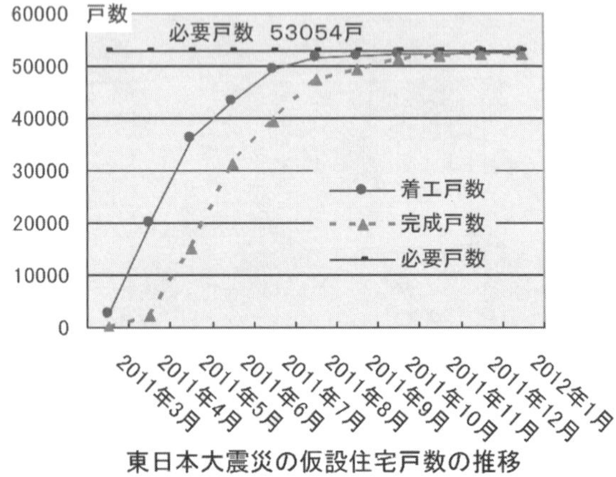

東日本大震災の仮設住宅戸数の推移

います。仮設住宅は、住宅・生活を再建するまでの仮の住まいであり、入居期間は完成の日から最長２年となっています。入居期間については、県などの判断で１年ごとに、何度でも延長が可能な制度もあります。

応急仮設住宅の概要は①〜④のようになっています。

①　規格：建築基準法の仮設建築（仮設のプレハブであり、長期的な耐久性はない）。
②　面積：２DK（29.7㎡）を規準とするが、１K、３Kなどのタイプや高齢者や障害者向けの福祉仮設住宅もあります。
③　設備：エアコン、テレビ、冷蔵庫、電子レンジ、電気釜、洗濯機等生活設備が完備。
④　費用：自治体が無償で供与するが光熱費は入居者が負担します。

(2)　仮設住宅の環境と健康管理

居住空間の快適性は適切な温度管理が重要となります。仮設住宅には、現代の生活水準を満たす設備が整えられています。エアコンの能力も十分ですが、間仕切りなどの関係や節電などにより適正な室温管理が難しくなっています。夏季には熱中症の事例もあり、扇風機の利用などの環境改善が必要となります。東日本大震災では、冬季にエアコンによる防寒では不十分なため、石油ストーブ、電気コタツ、ホットカーペットなどが災害救助法の国庫負担の対象となりました。この中で、石油ストーブは火災や一酸化炭素中毒、結露などの深刻な問題もあり、自治体等による利用自粛などもあります。宮城県では、仮設住宅での火災の事例もあります。少しでも快適に過ごすために、エアコンだけでは不十分なところを石油ストーブなどで補う必要がありますが、狭い仮設住宅内では火の管理に気をつけなければなりません。

また、エコノミー症候群の発症も見られます。宮城県石巻市の仮設住宅に暮らす高齢者の一割が突然死の原因ともなるエコノミー症候群を発症しているという調査結果が報じられています。これは、被災地外の５倍程度の高い割合となり、新潟中越地震でも同様の現象がおこっています。引きこもりによる活動低下が原因と考えられ、健康を維持するため、日常的に外出や軽い運動などを行う必要があります。

仮設住宅の衛生管理については、清潔な新築建築物であり、換気や清掃に注意を払うことでダニやシラミ等の衛生害虫発生を防ぐことができます。浴室の衛生管理では、追い炊き機能のついた浴槽で、お湯を汲み置きした場合などにレジオネラ菌が繁殖する事例もあり、その対策も考える必要があります。レジオネラ感染が起こりやすい高齢者世帯などでは、１～２日に１回お湯を張りなおすなどの対策が必要です。

⑶　仮設住宅のコミュニティー

仮設住宅に移ることで、プライベートな生活空間が得られ、安心する一方、新たな生活環境に馴染んでいく必要があります。仮設住宅では、本来の居住地とは関係なく住宅が割り振られる場合もあり、従来の地域コミュニティーや人間関係が分断されてしまうことも起こります。これまでの生活を失った精神的なダメージや肉体的な疲労が積み重なり、心身の健康を損ないやすい時期でもあります。高齢者を中心に孤独死や閉じこもりなどが起こる危険性があので、コミュニティーの輪が大切となります。

2011（平成23）年10月に、厚生労働省が公表した仮設住宅入居者の困りごと・心配ごとのアンケート調査では、表のような結果となっています。

これらのうち、健康、近所付き合い、その他などは近隣・仮設住宅団地内のコミニティーを形成することで、相互理解や扶助により解決または問題が軽減されるものも多いと考えられます。

となり近所の人と挨拶をして交流をもつ、仮設住宅の行事に積極的に参加するなどして、仲間を作り自然に相互扶助を行います。また、保健師やボランティアの巡回訪問の際には、体調や健康に限らず、生活や住宅設備など困っていることを相談します。

仮設住宅という新しい環境の中で、家族や新たな仲間、相談できる人とともに、無理なく生活のペースをつかみ、徐々に安定した仮設住宅の生活を取り戻すことが将来の生活再建の一歩となります。

仮設住宅居住者の困りごと・心配ごと

（東北３県50市町村仮設住宅　2011（平成23）年８月調査）

項目	割合　%	個別の内容	自治体、NPO 等の支援
経　済　面	46.1	生活費、ローン、家の再建	被災者生活再建支援金、義捐金、学費等の減免
仕事（雇用）	19.8	失業、休業、解雇、臨時雇用期間終了	雇用機会確保事業、農業・水産業事業支援
学　　　校	5.6	通学が不便、学校の選択、学校が危険	バス運行、学校の耐震化
健　康　面	9	身体や精神の病気・健康が不安、通院が不便	仮設診療所整備、巡回訪問、通院バス運行
近所付き合い	9.5	孤独、コミニケーションがない、近隣トラブル	巡回相談、集会所の設置、自治会の立ち上げ
そ　の　他	25.7	交通が不便、ペット対策、住宅のハード面、買い物	バス運行、寒さ対策、移動販売、買い物支援

パーセントは調査対象世帯数2013に占める回答数の割合

第5章

マンションの建物・設備の仕組みと防災

1 マンションの耐震性

1．進化する耐震基準

地震国日本の建築物の耐震性能は世界の最先端にあるといわれています。1891（明治24）年に発生し7,000人以上が死亡した濃尾地震の直後、耐震性について本格的な検討がはじまりました。関東大震災の翌年1924（大正13）年には市街地建物法が改正され、世界で初めて耐震計算の規定が制度化されました。この規定は1950（昭和25）年に施行された建築基準法に引き継がれ、その後も大きな地震が起きるたびに耐震基準が強化されてきました。

マンションが普及しはじめた1968（昭和43）年に発生した十勝沖地震で鉄筋コンクリート造（ＲＣ）の柱が破損したことを受けて、1971（昭和46）年に建築基準法施行令が改正され、ＲＣ造の柱の帯筋の規定が強化（帯筋間隔を30㎝以下から15㎝以下、梁および柱脚付近は10㎝以下に強化）されました。また、宮城県沖地震で多数のマンションが被害を受けたため、1981（昭和56）年６月に耐震基準が大幅に強化されました。これが現在も適用されている「新耐震設計基準」です。震度６強から７程度の地震が起きても人命に危害を及ぼすような倒壊、崩壊が生じないことを目標としています。

一般に「新耐震マンション」といわれるのは1981（昭和56）年６月以降に建築確認を取得した建物のことで、それより前に建築確認を受けた建物が「旧耐震マンション」で、そのなかでも1971（昭和46）年の改正以前のものを「旧旧耐震マンション」ということもあります。

2. 耐震・免震・制振

マンションなどの鉄筋コンクリート造の建物の地震の揺れに備える仕組みとして、「耐震構造」「免震構造」「制振構造」があります。耐震構造は頑丈な躯体で揺れに耐えるもので、新築の建物はすべて耐震構造でつくられています。躯体の力で地震のエネルギーに立ち向かう最も基本的な仕組みが耐震構造ですが、揺れが直接建物に伝わるため、躯体は無事でも建物内の設備機器が壊れたり家具が転倒することがあります。

免震構造は、耐震構造の建物と地面の間に、地震の揺れを伝えにくくする特殊なゴムなどでできた免震装置を入れ、建物の躯体だけでなく設備機器の損傷や家具の転倒を減らす仕組みです。

制振構造は、柱や梁に取り付けた制振ダンパーなどで地震のエネルギーを吸収することで、揺れを緩和する仕組みです。

建物を守るだけでなくマンション生活の安全性を確保するために、耐震構造を補完する免震マンションや制振マンションが増えています。

3. 耐震診断を義務化

阪神・淡路大震災で倒壊などの被害を受けた建物の多くが「旧耐震マンション」だったことから、平成７（1995）年12月に「建物の耐震改修の促進に関する法律」が制定されました。マンションについては、緊急輸送道路に接し地震時の倒壊により道路の通行を妨げる恐れがあるものは、所有者が耐震診断を行い、必要な場合は耐震改修を行うように努めなければなりません。

しかし、これは努力義務であるためほとんど実施されていません。そのため東京都は平成23（2011）年３月「緊急輸送道路沿道建築物の耐震化を推進する条例」を制定し、緊急輸送道路約２千㎞のうち特に沿道の建築物の耐震化を推進する必要のある道路を特定緊急輸送道路に指定し、所有者に耐震診断や耐震改修の実施状況の報告義務を課しました。

耐震診断は、既存の建物の耐震性能を調査して今後発生する可能性のある地震に耐えることができるかどうか、どの程度の被害を受けるかなどを診断するもので、都条例の対象となる建物の耐震診断を行う場合の費用の大半は行政の助成を受けることができます。

旧耐震の建物の耐震診断は、建物の強度、形状、経年状況を考慮した耐震指標であるIs値を計算します。Is値が0.6以上であれば必要な耐震強度を満たしていると判定されます。

4. 耐震補強

耐震補強の方法としては、以下のものがあります。

⑴ 建物のフレームの中に鉄骨ブレース等を追加する方法。
⑵ 建物のオープンフレーム内に新たに耐震壁を増設する方法。
⑶ 建物の外側から新たにフレームを追加する方法。
⑷ 建物の柱などの外側に鋼板や炭素繊維を巻く方法。

耐震補強を実施するためにはかなりの費用がかかることに加えて、室内に壁や柱ができたり、窓が狭くなるなど居住性が低下することもあります。分譲マンションで耐震補強をするためには、管理組合で区分所有者の４分の３以上の賛成が必要になるため、なかなか実施することができないのが現状です。生命、財産を守るために不可欠な問題として取り組む必要があります。

2 ガス・電気・水道の特徴

1. 共用部分の確認

マンションには共用部分が存在します。専有部分でガスや電気、水道を使用する場合には、必ず共用部分を通らなければなりません。専有部分の居住者は、このことを忘れがちですが、常に留意しておく必要があります。共用部分にも、縦の配線・配管、道路や電柱から敷地内に入ってくる配線、道路から地中を通って敷地内に入ってくる配管等、そしてこれらを制御する盤類・ポンプ等、これらを合わせて共用部分となります。ですから、大規模災害時には、マンションにおいては、共用部分を守らないことには災害を防ぐことはできません。

共用部分については、管理規約に詳しく書いてあるかどうかチェックが必要です。一般的には道路境界からメーターを含む部分までが共用部分であるとか、保安器を含む各戸端子までとか、様々に設定されていることと思われます。防災の際には、必ず管理規約を見直し、整備することとして、確認しておくことが大切です。

2. ガス設備

ガスは、最も扱いが難しい設備です。専有部分の居住者は、マイコンメーターによって震度５相当以上の震動を感知すると自動的にガス供給が止まりますが、この復旧方法を知っておくことが大切です。共用部分としては、道路からのガス管の経路を確認することと、ボールバルブといわれる大元のバルブの位置や、ガス整圧器設備が敷地内にある場合には、これらをどのように守っていくかを重視しましょう。また、地震以外に、水害においてもガス管内が浸水してしまうということも考えられますし、火や電気との相性も悪いことから、復旧は慎重にされ、どうしても長期にわたり使用できない期間が発生してしまいます。万が一のときのためには、ＬＰガスボンベを用意しておくことも重要です。

3. 電気設備

マンションの場合、最も重要な設備は電気です。一概に電気設備といっても、電線からマンションに入り、高圧から低圧に変えるためのキュービクル（規模によってパットマウントや電気室の場合もあります。）を通り、分電盤・親ブレーカーを経由し、各戸のメーター、住戸内分電盤といったルートで供給されています。

特に守らなければならない場所としては、キュービクル（パットマウントや電気室）です。地震災害では、パットマウントが倒れてしまったケースもあります。水害でも、水の力は強いですから、パットマウントが倒れたり、内部にある変圧設備が浸水するとショートしてしまい、マンションに電気を供給できなくなります。電気設備の耐水化、耐震化を施すか、あるいは場所を１階や地下ではなく、３階以上に設置することも視野に入れるのも大切です。

また、電気設備はエレベーターや給水ポンプを動かすための動力源にもなりますから、これらも維持させる対策を講じることも必要です。

4. 水道設備

マンションにおいて、水道は、道路本管から敷地内を通り、量水器（メーター）を通り、受水槽（ない場合もあります。）、給水ポンプ、高架水槽（ない場合もあります。）を経て、各戸メーターを通り、供給されています。災害時において、特に守らなければならないのが電気を利用する給水ポンプで、受水槽や高架水槽がある場合には、この水槽の水をいかに有効かつ公平に使っていくかが課題となります。緊急遮断弁を設置して、地震時には給水を止める設備や、受水槽自体に蛇口を取り付ける等の方策も有効です。給水ポンプについては、たいてい地下か１階にありますから、水害から守る手立てが必要です。電気が止まった場合には上階まで給水できなくなりますから、上階の居住者がいかにして水を確保するのかについて、日ごろから訓練・備蓄をしておくことも大切です。

また、給水管の竪管が地震動によって壊れるケースもありますので、設備配管の耐震化についても防災として考慮しておくことが必要です。

3 エレベーター

[redacted]

1. 最長３時間の閉じ込め

エレベーターは中層以上のマンションにとって不可欠な交通設備です。地震や停電でエレベーターがストップすると、超高層マンションでは高層難民が発生し、自宅の直下にいるのに帰宅できない人が続出することになります。エレベーターの停止以上に深刻なのは閉じ込めの発生です。エレベーターの閉じ込めが大きな問題になり、閉じ込め防止機能の重要性が認識されたのは、2005（平成17）年に千葉県北西部を震源とする最大震度５強の地震が発生したときです。このとき首都圏では約64,000台のエレベーターが運転停止となり、78件の閉じ込めが発生しました。閉じ込められた時間は平均50分、最も長いケースは約３時間にもなりました。

2. 地震時管制運転装置の設置の義務づけ

これを深刻に受け止めた国土交通省は2009（平成21）年９月に建築基準法施行令を改正し、新しく建設する建物のエレベーターについて、閉じ込め事故を防ぐための予備電源を設けた地震時管制運転装置の設置を義務づけました。この装置があるエレベーターは、センサーが一定の揺れを検知すると、自動的に最寄階に停止して扉を開放、利用者が避難できます。開いた扉はしばらくすると自動的に閉まります。閉まった扉はエレベーターの中からは開くことができますが、外から開けることはできず、間違って乗る人がでないような仕組みになっています。

地震の揺れが軽微でエレベーターが損傷するおそれのない程度の場合は、一定時間が経過した後、自動的に通常の運転に復帰します。しかし、強い揺れ（震度４以上程度）を感じて運転を休止した場合は、たとえエレベーターが損傷していない場合でも技術者が点検し安全が確認できるまで復帰しません。

3. Ｐ波感知型地震時管制運転装置

Ｐ波感知型地震時管制運転装置は、地震の初期微動（Ｐ波）を感知すると、本震（Ｓ波）が到着する前に最寄階に停止してドアが開き閉じ込めを防ぐ仕組みです。本震（Ｓ波）が小さい場合には通常運転に戻りますが、震度４程度以上の揺れを感知した場合には運転を休止し、技術者が点検するまで復帰しません。

これとは別に、停電により階と階との間に停止した場合、バッテリー電源を使用し自動的に最寄階まで低速運転して着床、ドアを開ける停電時自動着床装置が付いているエレベーターもあります。

4. 東日本大震災での閉じ込め事故

2006（平成18）年に東京都防災会議が発表した「首都直下地震による東京の被害想定」は、東京湾北部を震源地にＭ7.3の地震が発生すると、エレベーター約14.5万台のうち約9,200台で閉じ込めが発生すると想定しています。東日本大震災の発生時にも、国土交通省の調べによると15の都道県で大手５社が保守をしているエレベーター210台で閉じ込めが発生、その後の余震でもかなりの数の閉じ込めがありました。

2009（平成21）年の政令改正以前に建てられた建物の多くは閉じ込めを防止する装置がなく、その数は全エレベーターの93％、約65万台に達するといわれています。このため国土交通省は、既存の全建物のエレベーターに閉じ込めを防止する地震時管制システムの設置を求める方針だと報道されています。

5. １ビル１台復旧ルール

地震時管制運転装置が機能し閉じ込めを防いだ場合でも、エレベーターの運転を再開するためには専門の技術者が点検し安全を確認する必要があります。多数のエレベーターを点検するためには多くの人員と時間がかかりますから、東京都ではすべてのビルの機能回復を早期に行うために、すべての住宅・建築物について、棟単位で最低限の縦動線を確保する「１ビル１台復旧ルール」を推奨しています。この方法をとることで建物のすべてのエレベーターを復旧していく場合に比べ、約30％程度時間を短縮できるといわれています。

マンションのエレベーターに長時間閉じ込められると、心理的にも生理的にも問題がおき、パニックになる人も出ます。救助されるまでの間の不安を少しでも解消するため、飲料水や簡易トイレなどが入ったキャビネットを管理組合に配付するなどの対策をとっている自治体もあります。

6. 長周期地震動への対策

2004（平成16）年に発生した新潟県中越地震のとき、震源から200㎞離れた東京都心の超高層ビルでエレベーターのロープのうち１本が切れたことがあります。長周期地震動の大きな揺れにエレベーターのロープが共振して大きく振れたためだといわれています。この経験から、地震発生時に共振によるロープの揺れ幅を推定し、ロープが共振しにくい階までエレベーターを自動的に退避させる技術も開発されています。

4 非常用設備

1. 法律の義務づけ

マンションには、建築基準法、消防法という法律の要請に基づき、非常時において安全な避難をするための設備や火災をいち早く感知する設備、エレベーターの閉じ込めを防止する装置等、あらゆる安全設備がついています。これは、マンションの規模によって設置しなければならない設備とは違います。もちろんお金はかかりますが後付けで設置することも可能です。逆に、法令で設置しなさいと書かれているものでも、実際の災害時には一般人が思った通りの内容でないことも多々ありますので、この点災害時にはどんな役割を果たしてくれるのかを確認しておくことが、自助を充実させる上では重要なことといえます。

2. 避難に関する設備

主に火災の際に安全に避難できるようにする設備です。例えば、消防法では、速やかに感知をする「自動火災報知設備」、「住宅用火災警報器」、あるいは初期消火までも行う「スプリンクラー設備」、片方の脱出口から火の手が上がり避難できない場合に備えた二方避難のための「避難はしご」、「隔て板」、火災時に煙突となってしまう階段室の「防煙扉」、煙の中低い姿勢で這って行っても見える避難口への「誘導灯」、煙を感知して建物内に留置しないようにする「排煙設備」等があります。建築基準法では、消防法と重なるところもありますが、「排煙設備」や停電時に安全に避難できるように一定時間照らされる「非常用照明」、非常時には消防隊員等が使える「非常用エレベーター」等があります。

3. 万が一に備える設備

マンションでは、特に停電が心配です。とりわけ高層マンションや超高層マンションとなると、現実的に階段で上階まで上がることは不可能です。その理由としては、電気がないことでエレベーターが動かないこと、そして停電で内階段の電気も消えてしまうことから、階段室も暗闇となり、現実に上り下りはできないからです。

そのために「非常用照明」があるのですが、法律上では30分間床面を１ルクス以上の照度で照らせばよいことになっており、災害直後から行政等の支援が来るまで３日の自立を考えると、とても能力が足りないことがわかります。「非常用エレベーター」についても、法律上60分以上の連続運転ができればよいことになっており、これについても３日という数字には程遠い結果となっています。

また、「非常電源」「予備電源」という設備があります。「非常電源」というのは消防法で定められた電源で、主に非常用発電機を指します。60分以上連続運転でき、燃料油は２時間以上の容量であり、40秒以内に電圧確立する（しっかり起動する）こと等を規定しています。そして、「予備電源」というのは建築基準法で定められた設備で、自家用発電機や蓄電池設備があります。主に階段室や廊下、非常用エレベーターの運転やかご内の非常用照明、電動の排煙装置のための装置といえます。そして、防災設備に30分以上電源供給でき、30分以上連続運転できる燃料油の容量であり、40秒以内に電圧確立することが定められています。もちろん、消防法上の非常電源と併用することができます。しかし、どれも共用部分のための設備で、専有部分では使えません。

4. 非常用設備を過信しすぎない暮らしを

非常用設備は、主に避難や災害・停電後せいぜい1時間以内のための設備です。これを日常生活ができるまで利用させるためには、やはり電源を確保するための燃料が必要です。燃料には、主に軽油や重油が使われます。どちらも、一定量以上を保管しておこうと思うと、軽油では第2石油類として1,000ℓ以上、重油では第3石油類として2,000ℓ以上の場合には、危険物取扱者を置く必要があり、保管場所も屋内か屋外か、あるいは貯蔵タンクを設置するのかについてもその要件がありますので注意が必要です。湾岸地区の超高層マンション群では、陸からの給油は無理なので、合同で船からその燃料を運ぼうという動きも活発化しています。しかし、法律の壁があり、川が使える状況にあるのか等簡単ではありませんが、災害時における1つの自立の方法として前向きに研究されています。

5 家具転倒防止

1. 家具の転倒で大きな被害

阪神・淡路大震災で震度７の揺れにみまわれた地域では、建物自体に大きな被害がなくても、家具が転倒した住宅が多数ありました。家具が倒れるだけでなく、食器類の散乱、冷蔵庫やピアノといった重いものの移動、テレビや電子レンジが飛ぶといったことがあり、負傷をした人も少なくありません。

1996（平成８）年２月に気象庁が発表した震度階級関連解説表は、「震度５強」で“タンスなど重い家具が倒れ、テレビが台から落ちることがある”としています。東京湾北部を震源としたマグニチュード7.3の地震が冬の夕方（18時）に発生した場合、東京都の被害想定によると、都内全域で約54,500人が「家具類の転倒・落下（屋内収容物の移動、落下）」により負傷するとしています。これは全負傷者の3.4％に当たります。

首都圏や東海地方をはじめ各地で大規模な地震がいつ発生してもおかしくないといわれ、震度５強程度の地震も珍しくないだけに、今すぐできる最も身近な地震対策として、家具の固定などで室内の安全を確保することが重視されています。

2. 基本は重いものを下に置くこと

地震で揺れても家具が倒れないようにするための基本は、重い物をできるだけ下に入れて家具の重心を下げることです。本棚ならば図鑑などの大型で重い本を下段に置いて、文庫本のような軽い本を上段に入れるようにします。食器棚の場合もガラス製のものなど大きく重いものを下に入れて、木製のものなどを上の方に置きます。こうすれば転倒しにくくなるだけでなく、棚からモノが落下してきたときにも比較的安全になります。

食器棚などは扉が開いて中の食器が飛び出してくることもあります。開き扉のものよりも引き違い戸が安全です。ガラス戸に飛散防止フィルムを貼ることも危険を減らすことになります。

家具を建物の柱や壁などに固定するためのポイントは、建物が揺れたときに一緒に動くようにすることです。マンションの場合は、コンクリート造の躯体は共用部分ですから、各住戸の区分所有者や居住者が管理組合の定めた手続きを経ないで、コンクリートの壁に家具を固定することはできません。室内の壁や鴨居などに固定するのが一般的な方法です。

3. 確実に固定する方法

家具を壁に固定するためには、壁のなかにある横桟や縦桟の位置を確かめる必要があります。L型金具が壁の中の桟に対して直角になるようにして、桟に十分届く長さの木ネジでとめます。このとき家具の側も桟が入っている部分に金具を取り付けることが必要です。家具の高さや幅によっては直接壁の中の桟に固定できないこともありますが、この場合は壁に板を取り付けて、その板に家具を固定するようにします。

タンスのように上下に積み重ねるタイプの家具は上段だけを固定しても下段が地震の揺れで転倒します。家具の側面などを上下に連結したうえで壁に固定するか、上段と下段をそれぞれ固定する必要があります。

壁に固定することができないときは、家具を天井で支える方法があります。この場合、突っ張り棒のような点で支えるタイプだとあまり効果がありません。面で支えるために家具と天井の間におさめる収納ユニットを使用したり、衣装ケースなどを置く方法もあります。この場合は、新聞紙などを間にしっかりはさんで動かないようにすることが必要です。

木製の家具と違って冷蔵庫、テレビなどの家電製品やピアノなどは壁に簡単に固定できませんが、なんらかの方法で固定する必要があります。家電メーカーの多くは製品専用の転倒防止金具などを用意し、ホームページでも使い方をＰＲしています。また、テレビをキャスター付きの台に乗せている場合はストッパーで動かないようにしておきます。

家具の転倒防止について助成制度を設けている自治体もあります。対象となるのは高齢者だけの世帯が多いようですが、それぞれの自治体に問い合わせをしてみたらいかがでしょう。

6 長周期地震動

[redacted]

1. 超高層は長周期地震動と共振しやすい

地震の波は短い周期でガタガタ揺れるもの、ゆっくりとした周期で揺れるものなど様々なタイプがあります。１秒以下の短い周期の揺れはエネルギーが大きくても、揺れが長続きせず、震源地から離れるにしたがってエネルギーが減衰します。これに対して揺れの周期が長くなるにつれて、エネルギーは減衰しないで遠くまで伝わります。

一方、建物にもそれぞれ揺れの固有周期があり、建物の構造等によって揺れ方が違います。建物の固有周期が地震波の周期に近いと共振し、倒壊などの大きな被害を受けることになります。木造の建物や中層程度のマンションの固有周期は１秒から２秒程度ですから、周期が短い地震動で大きな被害を受けます。

これまで周期の長い地震動については、揺れが遠方まで伝わるものの、建物を揺らすほどの大きなエネルギーではないと考えられ、あまり重視されていませんでした。長周期地震動が注目されたのは、2003（平成15）年９月の十勝沖地震で200㎞離れた苫小牧の石油タンクが内部の油の揺れで破損し、火災が発生したときです。このときの経験から長周期地震動についての研究が進み、数秒から十数秒という長い周期のゆっくりとした揺れが、超高層建築物の固有周期と一致することも分かってきました。

長周期地震動は地盤の状態によっても増幅されます。東京、大阪、名古屋などの超高層が多い大都市は、堆積層が厚い平野部であるため揺れが増幅されやすく、そこに立地する固有周期が長い超高層マンションなどが共振して、大きく揺れることになるといわれています。

2. 長周期地震動の被害は防止できる

政府の地質研究推進本部は2009（平成21）年に、長周期地震動が発生しやすい海溝型地震である東海地震、東南海地震および宮城県沖地震を想定した「長周期地震動予測地図」の試作版を作成しました。

日本建築学会では2011（平成23）年３月４日に記者会見を行い、「長周期地震動を受ける超高層建物の揺れと対策：日本建築学会の取り組み」を発表し、超高層建物では非構造部材の損傷や家具什器類の移動・転倒が起こる可能性は極めて高い一方、家具什器類の移動や転倒は、適切な固定対策によって確実に防げること。超高層建物にダンパー等の制振部材を取り付けると、その揺れは顕著に減少し構造躯体を無損傷に留めることは十分に可能であることなどを公表し、早急な対応を促しました。

この直後に東日本大震災が発生し、首都圏でも多くの超高層建物が大きな揺れに見舞われ、新宿西口にある新宿センタービル（54階建て）は、13分間にわたって揺れが続き、最上階では１ｍを超える揺れが続いたといいます。また、宮城県から600㎞以上離れた大阪市住之江区でも52階建てのビルが約10分間にわたり、最大1.4ｍ近く揺れたと報道されています。

気象庁が東京都内の高さ60ｍ以上のオフィスビル34棟で、東日本大震災の揺れを体験した人を対象に揺れの実態を調査したところ、構造躯体に被害が発生した建物はありませんでしたが、「窓から外を見ると隣のビルがぶつかりそうになるくらい揺れていて怖かった」「スライド式書架が左右に大きく移動し、ぶつかり合う音が大きく響いていたことが怖かった」といった証言がありました。

また、揺れに対する生理的反応も多く「船酔いのような状態になり、気分が悪くなった」「目が回って座り込んだ」、「防災センターに、酔い止めの薬はないかという問い合わせがあった」という証言が得られています。その半面、対象となったビルでは什器が固定されていたところが多く、これらの転倒による被害は少なかったようです。

3. 巨大地震が来る前に対策を

懸念されている南海トラフを震源とする海溝型の巨大地震が発生した場合、経済・政治・行政機能が集中する太平洋ベルト地帯等で、長周期地震動によるさらに大きな揺れが発生する可能性があります。

しかし現在、地震速報等で発表されている震度では対象となる地震動の周期が数秒以下であるため、超高層ビルやマンションなどの揺れの大きさや被害の程度を的確に評価できない、という課題があります。このため気象庁は有識者による「長周期地震動に関する情報のあり方検討会」を設置しました。

このように長周期地震動についての研究はまだ緒についたばかりですが、政府は超高層建物が多く、しかも地盤が共振しやすい東京、大阪、名古屋の３大都市圏を中心に対策を本格化するといいます。超高層マンションの居住者はその恐ろしさを東日本大震災で既に経験ずみです。管理組合として共用設備が長周期地震動に耐えられるかどうかをチェックするとともに、各家庭でも家具等の固定を実施するように促すことが必要です。

第6章

地域・マンションの災害への備え

1 自主防災組織

1. 災害対策基本法に基づく組織

阪神・淡路大震災が発生したとき、多くの人が倒壊した家屋の下敷きになりました。瓦礫の中から自力で脱出できない人たちの８割近くは、近所の住民たちが救出しました。大規模な災害が起きたとき、自治体、消防、警察、自衛隊などが組織的に対応できるまでにはかなりの時間がかかることが明らかになったため、自助、共助を重視する災害対策が強調されるようになりました。住民はもちろん自治体の防災行政にとっても、地域に自主防災組織をつくることが重要な課題となっています。

自主防災組織は災害対策基本法で「住民の隣保協同の精神に基づく自発的な防災組織」（５条２項）とされ、市町村がその充実に努めなければならないと規定されています。

災害対策基本法は伊勢湾台風の教訓をもとに1961（昭和36）年に制定されましたが、この段階では、まだ自主防災組織は「行政の被災者救援を効率化する協力組織の一つ」と考えられていたようです。

その後、1965（昭和40）年代後半に消防庁が業務計画を改定し、大都市震災対策の１つとして自主防災組織の整備を初めて規定しました。1975（昭和50）年代になると、資機材整備費用の助成、訓練時の事故に対する補償制度創設等の環境整備も行われるようになり、自主防災組織の結成が進みました。

1995（平成７）年の阪神・淡路大震災の発生をうけて、災害対策基本法が改正され、自主防災組織の育成が行政の責務として初めて明記されました。2004（平成16）年経済財政諮問会議において、「地域安心安全アクションプラン」が示されたことや国民保護法の制定を背景に、コミュニティー活動をベースとした地域の防災・防犯体制を強化することが重視されるようになりました。自主防災組織の役割も大きくなっています。

2. 全世帯の約７割が参加

自主防災組織の多くは、既存の町内会や自治会を基礎に結成されています。総務省消防庁の統計によれば、2007（平成19）年４月１日現在、自主防災組織の93％が町内会単位で組織され、全世帯の69.9％が自主防災組織に参加しています。

しかし、地域社会の姿が変化し、既存の町内会等の中には空洞化が進んでいるところもあります。その半面、ＮＰＯや各種のボランティア団体等による地域に根差した活動も増えています。

消防庁の「自主防災組織の手引き――コミュニティーと安全・安心のまちづくり」も、既存の組織とは別に新たな組織が結成されることもあるとして、小学校とＰＴＡが共同で繰り返し防災訓練を行い、それに地域全体の住民が参加するようになった例や、保育園や幼稚園の避難訓練を通じて母親たちの集まりの中から組織化がはじまった例が紹介されています。マンションが多い地域では管理組合を母体とする自主防災組織も、多くなっています。

3. 地域の安全安心ステーション

大規模な災害が発生したとき、地域コミュニティーが持つ様々な力を集めなければ対応できません。このため日頃から近隣の自主防災組織をはじめ、各種の団体や組織が連絡を密にし、連携する体制を小学校区等の単位でつくることが必要になっています。

「地域安心安全ステーション」づくりは、地域コミュニティーの中で自主防災組織を中心に地域の様々な団体が連携して地域の安心・安全を構築するために、2004（平成16）年から総務省消防庁と警察庁が取り組んでいるもので、自主防災組織相互の連携、自主防災組織と関係団体との連携（ネットワーク化）というソフト面と、地域における防災・防犯活動の拠点というハード面の位置づけを包括した概念です。

「地域安心安全ステーション」の活動範囲としては、避難所運営に参画しやすいということに加えて、児童を守るための防犯活動の面で小学校やＰＴＡと連携できるということから、小学校区等を単位とすることが有効的だと考えられています。

自主防災組織は形式的に結成しても役に立たないのが普通です。消防や行政の防災担当セクションと相談をして、地域の実情にあわせて、様々な人たちが自発的に参加し、無理せず継続的に活動を続けることができる組織のあり方を工夫することが必要です。

2 管理組合・自治会の防災組織

[redacted]

1. マンションの防災組織

マンションには、区分所有者で構成される管理組合と、マンションの居住者の有志で構成される自治会の２つの組織があります。管理組合は、区分所有者が強制的に構成員となり脱退できない団体ですが、自治会は、もっと緩やかで参加や脱退は自由意思です。その活動費についても、管理組合は管理費・修繕積立金が主ですが、自治会については自治会費を月数百円程度として設定しているところが多くあります。

大規模災害を想定した場合に、マンションの状況によっては、どちらが防災上主となって活動していくのかをきちんと把握することが大切です。区分所有者＝居住者の人数が多いとか、マンションの規模が小さいといった場合には、どちらかといえば管理組合が中心となった方がよいでしょう。特に、規模が小さい場合には、自治会がないマンションもあります。大きなマンションでは、自治会と町会が同じ組織となることもあり、それぞれマンションによって違ってきます。

2. 防災組織の構成

防災組織をつくろうとしてもいくつかのハードルがあります。それには、人、資金（活動資金・備蓄資金）、運用の３つが課題となります。そして、管理組合・自治会について、下記の通りよい面（○）、悪い面（△）があります。

	管理組合	自治会
人	△構成員が常に区分所有者である。 △外部居住区分所有者も構成員となる。 △理事は毎年交代してしまうケースが多く、継続性が保たれづらい。	○構成員が居住者であり、防災と相性がよい。 ○役員以外にも役職があり、継続性が保たれやすい。 ○独立組織がつくりやすい。 ○参加者が有志であり、そもそもモチベーションが高い。
資金	○管理費等で賄えるケースが多い。 ○備蓄する場合には、共用部分	△自治会費が安価で賄えないケースが多い。 △備蓄する場合には、自治会単

	を総会で活用できる。 △地縁団体として認められない。	独で共用部分を活用できず管理組合との関係構築が必要。 ○地縁団体として認められる。
運用	△委員会では理事会の諮問機関となってしまい、決定権もなく、また管理組合との別個の独立組織がつくりづらい。 △町会との付き合いが希薄になりがちである。	○自治会自体が有志の組織であるため、独立組織についても比較的容易に、内部・外部問わず設立できる。 ○町会との付き合いは、自治会と密着している。

このように、防災組織をどちらが主体的につくるのかによって、様々な問題が発生します。これらを管理組合、自治会が一緒になってクリアするように進めることが大切です。

3. 防災組織の中身

防災組織をつくったからといって、管理組合や自治会で防災訓練をしなくなるのでは本末転倒です。むしろ、防災組織は、大規模災害時には単独で判断し、行動できるように日ごろから管理組合および自治会との連携を深めておくことが大切です。また、防災組織には、力強い「長」が必要です。特に防災に関することについては、責任論から誰もが避けたがる傾向にありますし、ある程度の専門知識も必要なことから、長期にわたって周りをけん引できる長が必要です。その長を中心に、マンションの弱点の把握から計画を作成し、計画から行動に、行動から訓練へと発展させられるようにすることが理想といえます。

入れ物だけでは、防災組織とはいえませんから、理想の防災組織となるには、管理組合・自治会とは違った、例えば災害弱者名簿等を完備しておく等の独立組織として活動できるような環境づくりをするのが、管理組合・自治会の役割であると考えられます。

3 管理会社

1. 管理委託契約から読む大規模災害時における管理会社の動き

管理会社とは、いわゆる分譲マンションの管理業者を指します。管理組合と管理会社とは管理委託契約を締結しますが、その内容についても、「マンション標準管理委託契約書」と呼ばれる国土交通省の出しているひな形に基づいて作成されるケースがほとんどです。

標準管理委託契約書のうち、大規模災害に関する項目では、次のように記載されています（一部略）。

（緊急時の業務）

「第八条　乙は、第三条の規定にかかわらず、次の各号に掲げる災害又は事故等の事由により、甲のために、緊急に行う必要がある業務で、甲の承認を受ける時間的な余裕がないものについては、甲の承認を受けないで実施することができる。この場合において、乙は、速やかに、書面をもって、その業務の内容及びその実施に要した費用の額を甲に通知しなければならない。

一　地震、台風、突風、集中豪雨、落雷、雪、噴火、ひょう、あられ等

二　火災、破裂、爆発、物の飛来若しくは落下又は衝突、犯罪等」

（免責事項）

「第十七条　乙は、甲又は甲の組合員等が、第八条第一項各号に掲げる災害又は事故等（乙の責めによらない場合に限る）による損害及び次の各号に掲げる損害を受けたときは、その損害を賠償する責任を負わないも

のとする」。

契約書本文の以外にも、別表１「基幹事務以外の事務管理業務」というところで、理事会の支援を行うとあり、「甲の求めに応じた理事会議事に係る助言、資料の作成」をすることとなっています。例えば、理事会で防災に関する項目を検討する場合には、その助言や資料作成をしなければならないこととなります。別表２「管理員業務」についても、「災害、事故等発生時の連絡、報告」とあり、管理会社は災害時においても免責とはならず管理組合を支援することを前提として業務を行うことがわかります。

2. いざ発生した場合の管理会社の対応

管理会社、といっても結局は人間が動くわけですが、マンションには管理会社の従業員である「管理員」がおり、マンション10棟前後に１人の「フロント」という担当者がつきます。管理員はそのマンションしか管轄していませんが、フロントは10棟前後管轄していますので、どうしても災害時には分散してしまいます。そして、原則管理員もフロントの指示に基づいて行動していますので、フロントの日ごろの管理員への指示がどのようになっているかが重要なカギとなります。

実際にあった事例では、東日本大震災発生時には電話が通じず、管理員が自己判断で各部屋、特に高齢者・独居老人を中心に尋ね歩き、安否を確認して回ったというケースもあり、また、管理員がすぐ近くに住んでいたがその日は休務日ということでマンションの様子を見に来なかったという事例もあります。管理員やフロントにも家族がおり、プライベートがありますから、顧客であるマンションよりも、家族が優先されるのは責められることではありません。

3. それでも頼りになる管理会社

大手と呼ばれるある管理会社は、全国に支店を持っており、日ごろから備蓄をしていました。その全国の支店のうち、東北支店およびその顧客たる地域のマンションが東日本大震災でダメージを受けました。その支援のために、全国の支店の手の空いている者たちは、東北支店に向かって物資を積み込み、東北支店に集結し、そこから顧客たるマンションに物資を分けたという事例もあります。また、ある大手管理会社は、わずか数日で地震被害のあったマンションの被害状況をすべて調査し終えたという事例もあります。

このように、すべてをあてにすることはできませんが、それでも管理組合の欲しているニーズを準備し、行動できる管理会社も実際にはあります。日ごろの管理業務ももちろん大事ですが、こういった災害に対する実績や取り組みをしている管理会社は、今後は注目されると思います。

4 防災センター

1. 防災センターの意味

一般の方には「防災センター」とは聞きなれない言葉かもしれません。ある一定以上の大きさのマンションでは、消防法の規定で防災センターや中央管理室、守衛室を置くこととされています。法令上、防災センターとは、「総合操作盤（消防用設備等又は特殊消防用設備等の監視、操作等を行うために必要な機能を有する設備をいう。）その他これに類する設備により、防火対象物の消防用設備等又は特殊消防用設備等その他これらに類する防災のための設備を管理する常時人がいる場所をいう。」とされています（消防法施行規則12条８号）。建築基準法施行令では、中央管理室とは

「当該建築物、同一敷地内の他の建築物又は一団地内の他の建築物の内にある管理事務所、守衛所その他常時当該建築物を管理する者が勤務する場所で避難階又はその直上階若しくは直下階に設けたもの」とされています（建築基準法施行令同20条の２，２号）。消防法では、これらをまとめて防災センター等としています。

2. 防災センターにある機器

消防法では、防災センター等には、
・屋内消火栓設備の総合操作盤
・スプリンクラーの自動警報装置・起動装置（放水階・区域表示装置）
・自動火災報知設備の受信機
・消火設備（水噴霧消火・泡消火）
・ガス漏れ火災警報設備の受信機
・漏電火災警報装置の音響装置
・押しボタン式消防機関への火災通報装置
・消防機関への火災報知設備の発信機
・非常警報設備のうち通話装置
・排煙設備の自動起動装置
・無線通信補助設備の無線機接続端子
を備え付けるように規定されています。

建築基準法では、
・機械換気設備、中央管理方式の空気調和設備制御および作動状態監視
・排煙設備の制御および作動状態の監視
・非常用エレベーターのかごを操作する装置
・非常用エレベーターかご内の電話装置
を備え付けるように規定されています。

3. 防災センターにいる人員

防災センターの要員となるためには、防災センター技術講習という2日間の講習を受け、かつ自衛消防技術認定証（自衛消防業務講習を修了した者）を有することが必要です。さらに、講習後5年以内ごとに1日間の防災センター実務講習を受けることも義務づけられています。受講内容も、上記のような設備を操作・監視するための講義で座学と実技があります。

一方、中央管理室には特に人員に資格はありません。ですから、上記の設備以外に、防犯カメラ、管理員室の役割（来訪者受付対応、臨時駐車受付対応）、給排水設備監視（ポンプ異常・水槽の満減水等）等、警備業務も兼ねている場合があります。防災センター・中央管理室ともに、24時間常駐方式を取っていることが多いため、安心感が得られます。

4. 防災センター・中央管理室の役割

消防法・建築基準法上での各役割は上記の通りですが、地震や水害については一切触れられていません。一般的な防火管理業務の契約のままでは、地震・水害時の防災についての項目が入っていないことにもなりかねません。ですから、管理会社や警備会社との契約の内容にも、防災センター要員の災害時の動き方について、よく協議をしておく必要があります。多くは管理員室としての役割を兼ねていますから、設備だけの監視ではなく、居住者のうちの災害弱者を見守る支援や、備蓄品の管理、災害時の初動や見回り点検等、理事会の補佐をすることも兼ねて、管理員業務の拡大的な利用として実施させることも重要です。

5 居住者名簿

[redacted]

1. 居住者名簿の必要性

マンションには、様々な人たちが関係します。管理組合であれば、区分所有者がメインですが、賃貸に出している・親戚に貸している等の場合には、賃借人がおりますし、その方々の家族もいます。マンション全体の災害のことを考慮すると、いわゆる組合員名簿だけではなく、居住者名簿も必要であると考えられます。例えば、火災においてでも、消防士から「この部屋は何名住んでいるのか」「取り残されてはいないか」といった問い合わせが必ずありますから、これに答えられないとなるといざというとき人命に関わりますので、ある程度の情報（居住者数や緊急連絡先）は用意しておきたいものです。

2. 居住者名簿のあるべき内容

居住者名簿を備えるといっても、どんな情報があればよいのか迷うマンションも少なくありません。これも、実は高齢者世帯かファミリー世帯かによって違ってきます。また、障害者や乳幼児、妊婦のいる家庭でも違ってきます。ペットも家族ですから、ペットのいる家庭でも連絡先は必要です。それぞれにおいて、必要な情報を挙げてみましょう。

⑴ 居住者の氏名、性別、勤務先（通学先）、勤務先（通学先）連絡先、年齢（年代でもＯＫ）、血液型、緊急連絡先氏名、住所、連絡先、家族で決めた避難落ち合い場所（ファミリー世帯）

⑵ センシティブ情報：常備薬の種類名、禁忌食、障害名、必要とする介

助の内容、妊娠時期（妊婦)、生年月日・特徴（乳幼児)、アレルギー食品、かかりつけ医の連絡先、住所、医師名、看護・介護を受けている場合の看護委託先・介護委託先の住所、連絡先、社名、担当者等、ペットの種類、名前、特徴、かかりつけ獣医、住所、医師名　等

これらのうち、センシティブ情報はともかくとしても、⑴の居住者の氏名・勤務先等の情報も書きたくないという方も多くいますので、個人の情報提供は、本人の身を守るということを知らせながら協力を仰いでいくことが大切です。

3. 個人情報と居住者名簿

個人情報保護法が・・・という言葉をよく耳にします。個人情報保護法は5,000以上の情報を扱う取扱業者がその個人情報の取り扱いに関して定めた法律ですから、管理組合や自治会では該当することがほとんどありません。しかし、法に触れないといっても、居住者の皆さんから集めた情報は適正に管理・保管していく必要があります。また、個人情報を出したくないという方には出さない場合のデメリットを説明すべきでしょう。

さらに、管理組合、自治会の役員だからといって勝手に居住者名簿を閲覧することも心情的に許されません。ですから、管理組合の総会あるいは自治会の総会で、保管・閲覧に関するルールを策定し、居住者の方に名簿に関して安心感を得てもらうことを最優先に取り組むべきでしょう。

4. 保管・閲覧の方法

保管に関するルールとしては、実例として、金庫（あるいは鍵付キャビネット）を用意し、居住者には名簿の情報を記載してもらい、封筒に入れ、封をしてもらいます。その封筒を金庫に入れ、保管し、１年経ったら開けていないことを確認してもらい、更新する方は更新してもらい、再度封筒を回収し、保管します。閲覧に関しては、閲覧のできる災害の種類や、本人家族と連絡が取れないときで急を要する際に、役員数名の立ち会いのも

とに閲覧できる、としているところもあります。決して一人で見ないということが大切です。

さらに、高齢者あるいは災害弱者では、団体にももちろん居住者名簿を預けるが、個人的に隣戸に対しても名簿を預け、「私は災害弱者であること」を直接知らせておくことで、いざというときすぐに思い出してもらえ、安否確認を受けられる方法を取ることも有益です。情報を出すということは、デメリットもありますが、それよりも本人のいのちを守ることにもつながっていることを忘れないようにしましょう。

6 災害用備蓄

1. 災害用備蓄の必要性

災害時に様々な生活上の困難が生じることは、想像に易いところと思います。災害時でもなるべく通常の生活を維持するためには、備蓄をしておくことが非常に有益です。とはいえ、行政の支援がいつ来るのか、つまり、いつまで自立しなければならないのか、またはマンションの場合、マンション全体で備蓄するもの、各家庭で備蓄するものとを明確に分ける必要があることから、それぞれ検討しておくことが必要です。

2. 備蓄する主体

大きく、管理組合、自治会、各家庭、と分けて考えておくことが必要です。管理組合・自治会では、総合的に各家庭で備えられないものを中心に備蓄し、各家庭では、世帯数も年齢も性別も好みもそれぞれ違いますから、主に食料品等を備蓄しておくことが望ましいでしょう。行政や町会においては、一般的には３日間行政機能が働かないといわれていますので、最低３日間は自助・共助を中心に自分の力のみで生活するための準備をしておくことが重要です。

3. 備蓄すべき品目

各家庭では、非常持出品（軽飲食料品・ラジオ・衣類・履物・ライター・小銭・懐中電灯・救急セット・筆記用具・防寒防水具・ちり紙・ラップ等）、非常備蓄品（最低３日間分の飲食料品・非常用調理用具（カセットコンロやボンベ、食器類等）、下着等の保温用具、乾電池、避難用具、ブルーシートや緩衝材（プチプチのシート）、地図）、予防品（家具の転倒防止具・ガラス飛散防止シール等）に分けて備蓄することが重要です。

管理組合・自治会が備蓄すべきものとしては、主に好み等が反映されづらく、必須と考えられるものを用意すべきでしょう。災害直後の救助に必要なものとして、救急箱や消毒薬・薬その他治療に必要なもの、歩行不能なけが人を運ぶための担架や特殊担架（階段でも上り下り可能なもの）、瓦礫の撤去や開閉不可となったドアを開けるための工具類（バール等）があります。その後の管理業務を遂行するために、危険個所を知らせるためのトラテープ・トラロープ、ブルーシートやカラーコーン、夜間災害や停電時に備えた懐中電灯やカンテラ、連絡用のトランシーバーと乾電池、水害に備えた土嚢等を運ぶための台車、防災組織が作業するための軍手やヘルメット、炊き出しを行うためのＬＰガスボンベ、調理器具等があります。特に、共用部分であるライフラインの不通が最も脅威となりますから、排水設備の代わりとなる簡易トイレ・マンホールトイレの設置用具や、エレベーターの代わりとなる物資用の滑車やロープ、電気設備の代わりとなる蓄電池、給水設備の代わりとなる飲料水、ガス設備の代わりとなるＬＰガスボンベ、通信設備の代わりとしてラジオ、備蓄品を運ぶリヤカー等の用意も視野に入れておきます。

4. 品物だけではなく、無形の備蓄も

備蓄は、品物だけではありません。災害時には「正しい情報」と「ネットワーク」が必要です。正しい情報とは、どこに給水車が来るとか、支援物資がどこに行けばもらえるとか、どこの道路が寸断されているとか、どの病院が開いているとか、そういった災害に関する「正しい」情報が得られるよう、あるいは得られるための情報を日ごろからチェックしておくことも備蓄となります。また、「ネットワーク」の備蓄とは、被災地が被災地を支援することは物理的にも難しいため、遠方とのネットワークを組むことで、健常地が被災地を支援する形をお互いにつくりだすことも重要です。特に、食料品は長期の保管は難しいですから、ピンポイントの支援が非常に有益です。また、近所のネットワークとしては、医師の確保が重要ですので、医師との関係も必須となります。医師との協定を結ぶといったことは難しいですが、近所の医師あるいは地域医師会が災害時にはどこに行き、あるいはどこを支援することになっているのかについてヒアリングを行うとか、例えば、自分のマンションを災害救助本部として、地域住民の治療の場として提供する等の協定を結ぶ等、災害時ではない今だからこそできることがたくさんありますから、できることをしていきましょう。

7 防災マニュアルと防災訓練

[redacted]

1. 防災マニュアルと防災訓練の必要性

防災の活動をするうえでは、いざ災害が起こった際に、どんな被害が起きるのかを想定しながら、逆算し、どのような準備をしたらよいか、どんな行動をすればよいかを想定する必要があります。これらの基礎となるものが、防災マニュアルで、マニュアルを行動化したものが防災訓練です。防災訓練は消防訓練、避難訓練と違い、火災以外の災害に対する訓練ですので、１通りということではありません。

2. 防災マニュアルの内容

防災マニュアルといっても、これをつくるためには膨大な準備が必要です。まずは、マンションがどんな災害に合うかを想定し、地震や水害等災害ごと、また朝昼晩いつ起きるかによっても活動内容を変化させる必要があります。さらに、マンションの弱点を洗い出し、減災・防災させるための行動計画や備蓄品の準備を策定する必要もあります。その上、災害は時の経過とともに必要な行動も変わってきますから、物資を受け取る場所についてや給水車の位置、あるいは正しい情報を得られる場所等の下調べもしておく必要があります。

外部の情報以外にも、マンションの居住者が防災組織を構成しているかどうか、逆に災害弱者ばかりで支援する者が極端に少ないマンションであるとか、昼間と夜間の居住者属性が極端に違う等、マンションの内部の状況も考慮に入れながら様々な環境下を想定して作成することが大切です。ただ、マニュアルを作成しただけでは全く意味がありませんから、後述する防災訓練の行動に直結するようにマニュアルを作成し、よく理解することが必要です。

3. 防災マニュアル作成に当たっての基準や調査事項

防災マニュアルを作成しても、どんな災害で使うのかをはっきり決めておく、つまり、マンションの緊急事態宣言を誰がどのような状況下になったら出すのか、等の基準を決める必要があります。

マニュアル作成の調査事項としては、次の項目が挙げられます。

マンション特有	給水設備、電気設備、トイレ、エレベーター、階段、ガス、消防設備、躯体、ガラス、がけ地かどうか、電柱とマンションの距離、水害の被害想定　等
地域特有	道路、橋、帰宅困難者の想定状況、犯罪、瓦礫での歩行困難な道の発生可能性、避難所・一時避難所の安全性と収容人数、液状化・地盤沈下の可能性、ライフラインの耐震性・健全性、川の氾濫、隣家の状況、避難所への道の安全性、マンホールの位置、町会事務所の位置・安全性、火災（木造建物の密集地かどうか）　等

4. マニュアルを防災訓練として行動化していく

人間は、いざ災害が起きたときには、訓練していない限り１つか２つのことしか考えられないといわれています。災害発生時に、自分のいのちを守れるかどうかは、余裕をもって判断でき行動できるかどうかにかかっています。そのためには、繰り返し防災訓練をする必要があります。実例として、東日本大震災では防災マニュアルがあったが、何の役にも立たなかったということも多くあり、存在だけでは意味がないことが露呈されました。ですから、年に1回といわず、せめて2〜3ヵ月に1回は実施し、マニュアルを読まなくても自身の行動すべきことが体に沁みついているという状態にしたいものです。また、管理組合や自治会での防災訓練に限らず、各家庭でも停電になったことを想定して、ある日だけは電気を使わずに防災備蓄品を活用する生活（例えば、備蓄食料を開ける、簡易トイレを使う、手作りコンロで調理する等）を送ってみるのも貴重な体験となります。こうして、防災訓練からいざという時の自分の行動として、自分以外にも家族や他人の命を守る行動ができるようにしておきたいものです。

マンションの防災訓練には、特にコミュニケーションが必須となりますから、防災訓練のほかにも、日常からコミュニケーションを取っておくことが、防災訓練の活発化にも繋がっていきます。

8　災害対策条例

1. 災害対策条例とは何か

既存の災害対策条例における目的規定から、同条例の定義を考えます。それは、「①災害対策に関する地方自治体の基本理念と基本的な事項を定め、②住民、事業者、地方自治体等の関係者のそれぞれの責務を明らかにして、必要な体制を確立することにより、③災害対策を総合的、計画的に推進することで、住民の生命や身体、財産を災害から保護する」、と定義できます。

こうした災害対策条例は、以前から存在していました。しかし、同条例の制定に拍車がかかったのは阪神・淡路大震災を経てからです。都道府県レベルでは、静岡県が1996（平成８）年に「地震対策推進条例」を制定しました。それ以降、同条例の制定が活発化し「東京都震災対策条例」(2000（平成12）年)、「埼玉県震災予防のまちづくり条例」(2002（平成14）年)、「愛知県地震防災推進条例」(2004（平成16）年)、「岐阜県地震防災対策推進条例」(2005（平成17）年）とつづいています。

内閣府の調査によると（「災害被害を軽減する国民運動に関する懇談会」)、2009（平成21）年３月の時点で、災害対策条例を制定しているのは、都道府県が38％（策定中を含む)、政令指定都市が18％、東京都23区が30％となっています。

一見すると、災害対策条例の制定率が低いように感じられます。その理由は、国に災害対策基本法があるためと考えられます。しかしながら、国の法律は北海道から沖縄県までを想定しており、地方自治体という地域の実情は必ずしも想定していません。そのため、法律は幅広く抽象的な規定となっています。災害は地方自治体により、大きく異なります。そこで昨今では、地方自治体が国の災害対策基本法を踏襲しつつも、地域性を内包した災害対策条例を制定する傾向が強まっています。

2. 災害対策条例の概要

多くの災害対策条例は、「災害が起こる前にできること」を想定し、「災害被害を軽減する」という観点から構築されています。特に最近の傾向として、「自助・共助・公助」という概念を採用する災害対策条例が増加しつつあります。この考えは、それぞれの主体が有効で具体的な災害対策を協力して推進することを目指し、住民が自らの身は自らで守るという「自助」と、地域の安全は地域住民が互いに助け合って守るという「共助」に加え、地方自治体（行政）による「公助」という理念の下に、それぞれの主体が協働して防災対策を行うことで、災害の被害を最小限にとどめることができるという取り組みです。

この自助・共助・公助という概念を基本として、災害対策条例には、次のような規定があります。それは、地方自治体の責務・事業者の責務・住民の責務・自治体職員の能力向上・他の地方自治体との連携・災害時要援護者への対応・公共施設の安全性の確保・防災意識の啓発と知識の普及・災害情報の収集と提供・防災教育の推進・防災訓練・自主防災活動への支援・ボランティア活動への支援・応急体制の構築等になります。

地方自治体が災害被害を軽減するためにできることは、ある程度、共通しているため、災害対策条例の内容もほぼ同じものとなっています。

9　災害等に関する特殊な条例

1. 個別災害に対応した条例

今日、地方自治体において「災害対策条例」が制定されつつあります。ここでは、災害対策条例を補完する意味合いとして整備された災害等に関する条例を紹介します。

神戸市には「神戸市震災復興緊急整備条例」があります。同条例は1995（平成７）年２月16日に制定されています。この制定日から理解できるように、同年１月17日に発生した阪神・淡路大震災による膨大な災害被害からの復興を意図して制定されました。なお、同条例の附則には「条例の施行の日から起算して３年を経過した日に、その効力を失う」とあり、1998（平成10）年２月15日に失効しています。

高知県には「高知県南海地震による災害に強い地域社会づくり条例」があります。同条例は、「南海地震による災害から県民の生命、身体及び財産を守ることを目的として、予防から南海地震の発生後の応急・復旧・復興までの総合的な対策を計画的に行うため、県、県民、事業者等の役割及び責務を明らかにするとともに、震災に強い地域社会づくりを目指して、県、市町村、防災関係機関、県民、事業者、自主防災組織、社会貢献活動団体等が相互に連携しながら南海地震対策を推進していくために必要な事項を定める」としています（１条）。

同条例は、来る南海地震に備えることが目的です。南海地震とは、紀伊半島の紀伊水道沖から四国南方沖を震源とする周期的な巨大地震の呼称です。同地震は、1946（昭和21）年12月21日に和歌山県潮岬南南西沖を震源としてＭ8.0の規模で発生しました（「昭和南海地震」と称されます）。そして、これ以来、同地域において大規模な地震は起きていません。高知県は、いつ起こるかわからない南海地震に対応するために、同条例の制定をはじめ、庁内に「南海地震対策課」を設置するなど、様々な観点から震災対策に取り組んでいます。

2. 東日本大震災後に登場した条例

東日本大震災では、今までに考えられなかった災害被害が登場しました。その１つとして「帰宅困難者」があります。この帰宅困難者への対応を条例上に書き込んだのが「港区防災対策基本条例」です。東京都港区は、東日本大震災の教訓を踏まえ、帰宅困難者対策として、一斉帰宅の抑制や飲料水・食料の備蓄を事業者の努力義務として定めました。具体的には、事業者に対して従業員の一斉帰宅の抑制や帰宅困難者対策のための飲料水や食料の備蓄などを明記しています（27条・28条）。

また、東京都の石原知事は、2011（平成23）年9月22日の記者会見において、「災害に備え企業も備蓄しておくべきだ。法律で決めるわけにはいかないため、条例で促す措置をとった方がよい」と述べ、東京都としても災害を想定した備蓄条例の検討を示唆しています。

一方で、石垣市（沖縄県）は「石垣市民防災の日を定める条例」を制定しています。同条例は「市民一人ひとりが地震をはじめとする災害についての防災意識を高めるとともに、災害に対する備えを充実強化し、安全で安心なまちづくりを推進する」ことが目的です（1条)。同条例で規定している「市民防災の日」（2条）は4月24日となっています。その理由は、1771年に石垣島で多数の犠牲者が出た地震災害「明和の大津波」が発生した日としています。

3. その他災害対策を意図した条例

災害発生時に連絡が行き届かないという問題もあります。その理由の1つとして、個人情報保護を理由に連絡名簿の作成が減っていることがあります。この問題に対応するため、箕面市（大阪府）には「箕面市ふれあい安心名簿条例」があります。同条例は「地域団体の活動の活性化及び災害その他緊急時の連絡において有用な名簿を市民が安心して作成し、及び利用することができる手続の基準を定めることにより、市民活動を促進するとともに、地域社会における市民の社会連帯を深め、市と地域社会との協働を図り、安全なまちづくりを推進すること」を目的としています（1条)。同条例の背景には、新型インフルエンザにより、急に休校が決まったとき連絡が行き届かずに混乱した経緯がありました。そこで同条例が必要と判断しました。ある意味、この条例は、いきすぎた個人情報保護への警鐘とも捉えることができます。

柏崎市（新潟県）は「柏崎市雪に強いまちづくり条例」を検討しています。同市は、近年豪雪がつづいており、雪に起因した災害が発生しています。そこで雪に強いまちづくりを進めるための条例を検討しています。

10 災害時要援護者支援事業

1. 災害時要援護者

2004（平成16）年の梅雨前線豪雨、一連の台風等は、死者61名、行方不明者１名、負傷者57名、家屋全壊流出209件、半壊253件、一部損壊725件の被害があり、激甚災害法に基づく「激甚災害」に指定されました。犠牲者の多くが、高齢者であったことから、国は、災害時に自力では迅速な避難行動をとることが困難な災害弱者を「災害時要援護者」と位置づけ、避難支援対策を防災上の課題と認識しました。

内閣府では、2005（平成17）年３月に「災害時要援護者の避難支援ガイドライン」を策定し、2007（平成19）年３月にはガイドラインの手引きとなる「災害時要援護者対策の進め方について」を提示しました。一方で、①防災関係部局と福祉関係部局の連携が不十分であるため、要援護者や支援者への避難勧告等の伝達体制が未整備であったり、②個人情報意識の高まりに伴って要援護者情報の共有・活用が進んでいないことや、③要援護者の避難支援者が定められていないなど、計画の具体性に課題がありました。取り組みが低調な市町村もみられることから、国は市町村に対し「避難支援プランの全体計画」の策定を推進しています。

2. 自助・共助に基づく避難支援

「災害時要援護者支援事業」は、平時からの要援護者の特定と関係部局の情報共有、支援者の特定を含む個別の「避難支援プラン」の作成、および避難所開設に伴う受け入れと安否確認といった地域防災力の向上を図るものです。

災害時要援護者とは、「必要な情報を迅速かつ的確に把握し、災害から自らを守るために安全な場所に避難するなどの災害時の一連の行動をとることに支援を要する人々」として、高齢者・障害者・外国人・乳幼児・妊婦等が対象となっています。

まずは、要援護者の具体的な情報（住所・情報伝達体制・必要な支援内容等）を日頃から収集し、それぞれの援護者の実情にあった「避難支援プラン」を作成します。国は、個人情報保護の観点から、以下の３つの方式を提言しています。

①関係機関共有方式：個人情報保護条例において保有個人情報の目的外利用・第三者提供が可能とされている規定を活用し、要援護者本人の同意を得ず、福祉関係部局が保有する情報を防災関係部局、自主防災組織、民生委員等の間で共有する方式。

②手上げ方式：要援護者自らが要援護者名簿に登録を希望するもの。

③同意方式：防災関係部局、福祉関係部局、自主防災組織、福祉関係者等が要援護者本人に直接的に働きかけ、情報を収集する方式。

一方、支援者は、消防団、自主防災組織、町内会、福祉サービス事業者、障害者団体等の福祉団体、患者搬送事業者（福祉タクシー等）、地元企業等となっていますが、なによりも隣近所の「互助・共助」の支援が緊急時には期待されるところです。

3. グループによる支援体制

市町村によって、事業推進の主体は自治会・町内会・社会福祉協議会等様々です。近隣関係が希薄になっている都市部では、支援者の登録・増員は大きな課題となっています。

武蔵野市は、1965（昭和40）年代より自治会・町内会を中心としない「コミュニティ構想」に基づくまちづくりを推進してきました。現在、高齢化率は20％超、65歳以上の高齢者の53％が後期高齢者、ひとり暮らしの高齢者も増えてきました。そして民生委員を中心に、市内13の地区社協ボランティアの協力を得て、複数支援者を１グループとしてひとりの要援護者を支援する「グループ方式」を採用しました。

支援者グループの役割は、「安否確認」と「災害時の救助情報の連携ネットワーク」を基本としたため、救助に関わる心理的な負担感を軽減することができました。支援者たちは、「安否確認キット」（耐水性封筒とクレヨン）を要援護者の自宅の門扉・玄関に下げて、要援護者の安否確認等の情報伝達・共有を図ります。

現在、要援護者約1,200名に対し、支援者も約1,200名登録されており、2,000名の支援者登録を目指して更新を行っています。今後は、ひとり暮らしの高齢者の増加も予想されることから、港区と東京消防庁が取り組んだ「救急医療情報キット」（かかりつけ医・既往症・服薬等の情報記載）を冷蔵庫に保管することなども、救命を左右する情報ツールとして極めて有益です。また、被災後に開催した「支援者懇談会」では、発災直後の行動や支援者として準備しておく道具、消火器や災害用救援工具などの確認点検やきめ細かい援護者への対応体験なども、情報共有の場として活用され、日頃からの地域の防災力向上に努めています。

第7章

復旧・復興へのステップ

1 区分所有者の合意形成

[redacted]

1. 事実関係の把握と冷静な話し合い

被災したマンションを復興するためには、管理組合で区分所有者の合意を一歩一歩積み上げる必要があります。そのためには精神的・肉体的・経済的な打撃を受けている区分所有者が、復興への意欲を持ち続けることが前提になります。復興を検討するとき、疲れや苛立ちから激しい言葉の遣り取りになり多くの区分所有者がかえって意欲を失うこともあります。事実関係を正確に把握し、冷静な検討ができるようにすることが必要です。

2. 専門委員会等による体制整備

復興事業は通常の管理業務に比べて多大なエネルギーが必要で、時間も求められます。理事会だけでは遂行できないこともあります。大規模修繕工事を行うときと同じように、理事会の諮問機関として専門委員会を設け、実務の検討を委ねるようにすれば理事会の負担も軽くなり、事業をスムーズに行うこともできます。

専門委員会はあくまでも理事会の諮問機関で決定機関ではありません。理事会の考え方から遊離して独走しないように運営するために、理事長や担当理事が参加することが必要です。

復興について区分所有者の間で様々な意見があることが予想されます。専門委員会が一部の人の意見に偏って検討が進められると、理事会や管理組合総会などで長時間かけた検討結果が否定されることもあります。こうしたことを避けるために年齢、職業、居住形態等を勘案して、なるべく立場の異なる区分所有者に参加してもらい、多様な意見を反映するよう工夫することもよい結果を出すために欠かせません。区分所有者の中に技術や法律等の専門家がいる場合はその知見を取り入れることも大切です。

3. 情報の公開

復興事業は多額な費用がかかることも多いため、区分所有者の間で不信感や疑心暗鬼が生まれることもあります。理事会や専門委員会はできるだけ傍聴ができるようにし、検討過程を知らせるなど透明性を確保することが必要です。

また、外部の組織と協議するときは、担当の委員が委員会の委任を受けて出席するようにし、無断で協議するようなことは避けるようにします。

復興事業は災害という不慮の出来事に起因して行われることで、様々な悪条件との戦いの連続です。議事録をこまめに作成して送付したり掲示をするなど、よい情報だけでなく、悪い情報も全員が共有できるように務めることが必要です。

4. お互いの気持ちを大切にする

復興事業に非協力で反対する区分所有者は、何らかの個人的問題を抱えている可能性もあります。相手の気持ちを理解・尊重しながらコミュニケーションをはかり、話し合いを重ねることが大切です。プライベートな問題は管理組合のなかで解決するのが難しいこともあります。管理会社やコンサルタントなどを介すると解決の糸口も見つかるでしょう。

(1)　総会などでの意思決定

復興事業や建替え、再建等の最終的な意思決定は管理組合総会で行うことになります。実際には決議をする総会に至るまでに、様々な形でできるだけ多くの区分所有者が合意できる案をつくりあげるプロセスを経ることが必要です。

また、決議を急ぎすぎると、たとえ可決しても反対者から訴訟を起こされて実施できないこともあります。総会を開催するときは、区分所有法や管理規約が定めている手順・手続きを遵守するなどプロセスミスがないようにくれぐれも注意することが必要です。

被災したマンションでは避難をしている区分所有者も少なくありません。連絡先等を把握しておくことは復興に取り組むための前提条件といえます。総会を開催するときは、開催日の少なくとも1週間前までに各区分所有者に発信しなければなりません。平時の総会であれば通知を手渡すことができるマンションでも、避難先等に送付しなければならないことがあります。法律の規定では通知先についての届け出がない者への通知は所有する専有部分宛てに行えばよいことになっていますが、被災という特別な状況下では確実に送付されるように、特に配慮することが必要です。

⑵ 管理会社の活用

復興段階では、管理会社の知識・経験や総合力を活用することで円滑に事業を進めることができます。管理会社は阪神・淡路大震災等のなかで多くの経験を積み、ノウハウも豊富です。また、全国的なネットワークを使い、復興に必要な資材や業者を手配する力もあります。平時の管理業務とは違った働きをする可能性もあります。

2 被害調査の必要性

[redacted]

1. 生活の場としてのマンションの被害調査

被災したマンションの管理組合等で復旧計画等を検討するためには、先ず建物・設備の被害状況と区分所有者・居住者の置かれている状態を知ることが必要です。

建物の被害状況については応急危険度判定と被災度区分判定により、構造躯体の被災状況はある程度把握できます。ただし、これらの判定はあくまでも構造躯体の被災状況を調査した結果によるもので、住宅としてのマンションがどのような被害を受け、今後どのような対応をする必要があるのかまで調査をするものではありません。マンションの復興を進めるためには、まず生活の場であるマンションが受けた被害の全容を把握することが必要です。

被害状況調査は、一般的には、建物調査、設備調査、個別調査の３種類を行います。このうち、建物の構造躯体の被害状況は被災度区分判定である程度把握できています。柱や梁などの構造躯体以外の被害も外から見て大体のことは分かります。しかし、水道、電気、ガス、通信等の設備がどの程度被害を受けたかは簡単には判断できません。特にライフラインの事業者の施設自体が被災し供給できなくなっていることが多いと、マンション内の設備が損傷しているのかどうかの判断が難しくなります。

マンション内の設備が損傷していると水道、電気、ガス等の供給が再開されたとき、漏水や火災等の２次被害が発生することもあります。構造躯体が中破以上の損傷を受け、当面、居住を続けることが難しいときはともかくとして、マンションで居住を続けながら復興を検討する場合は、建物調査とは別に毎日の生活に欠かせない設備の被害状況を迅速に把握する必要があります。

2. 設備の被害状況調査

ライフラインの調査は、それぞれの経路に沿って行います。異常が発見された場合は、使用制限や使用禁止の措置をとり、専門業者に詳細調査を依頼することになります。

⑴ 給水関係

水道本管からの引込み部分 → 受水槽 → ポンプ周り → たて管 → 横引き管 → 高置水槽 → たて管 → 横引き管 → 各戸の配管　受水槽本体　高置水槽本体

⑵ 排水関係

各戸の配管 → 横引き管 → たて管 → ます

⑶ 電気

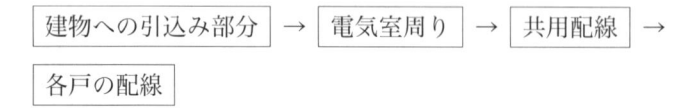

建物への引込み部分 → 電気室周り → 共用配線 → 各戸の配線

⑷ ガス

マンション内の配管についても、ガス会社に依頼して破損していないか、調査します。

震度５弱以上の地震が起きると、ガスメーターの安全装置が作動して、ガスが止まります。メーターの赤ランプが点滅します。復帰ボタン（リセットボタン）を押し、ガス管に異常がないかチェックし、問題がなければガスを使用できます。ただし、ガスの臭いがする場合は直ちに使用を停止し、ガス会社に連絡をしてください。

3. 建物の被害状況調査

⑴　損傷が軽微または小破の場合

被災度区分判定により、躯体構造に重大な損傷がない場合でも、住戸と廊下の境い壁やバルコニー等に生活に支障がでるような破損が生ずることは珍しくありません。一見して被害がわかるときはもちろん、共用部分に大きな問題がないように見える場合でも、アンケート等を実施して各住戸内の被害状況を調査し、全体的な被災状況を把握することが必要です。管理会社の意見も聞き、専門家に詳細な調査を依頼する必要があるかをどうか判断します。

各住戸内の被害には、戸境壁など共用部分に属する個所と、内装材など専有部分に属する個所があります。共用部分と専有部分の区分は管理規約に示されているはずですから、それをもとに管理組合で補修にかかる費用負担等を検討することになります。

ただし、専有部分の補修についても、リフォーム工事をする場合と同じように、一定の基準を設け定めることが必要です。

⑵　中破以上の場合

主要構造体とそれ以外の部分のそれぞれについて調査を行い、復旧計画を立てる必要があります。主要構造体の補修・補強にともなって内装材の撤去や修復が必要になるのが普通ですから、両者の復旧計画を連動させて行うことが必要です。補修・補強を行う場所にもよりますが、居住をしながら工事をすることが困難なこともあります。区分所有者・居住者の生活のことも考慮して、計画を立てることが必要です。

3 応急危険度判定

[redacted]

1. 被災した建物の判定は３種類

地震により建物がどの程度被害をうけたか。復旧は可能なのか。公的な助成はどのように受けられるのか。これらは被災者の今後の生活設計に関わる重要な問題です。こうした問題を考えるための基礎となるのが建物の被災状況の判定です。

まず覚えておきたいのは、建物の被災状況の判定には３つの種類があることです。

① 「被災建築物応急危険度判定」

② 「罹災証明のための建物調査」

③ 「被災建築物の被災度区分判定」

この３つの判定は被災後時間が経過するなかで順次行われますが、それぞれの判定の根拠となる法令、判定の目的、判定方法は違います。ただでさえ大変な状況のなかに置かれている被災者にとって分かりにくいことは否めませんが、その違いを知ることは被災後の生活設計に欠かせません。

2. 緑・黄・赤　３色ステッカーで判別

「被災建築物応急危険度判定」は被災直後に、建物の安全性を確認するために行われます。地震の被害を受けた建物は、窓ガラス、外壁、屋根瓦等の落下、余震による倒壊など、人命に影響する２次的災害の原因になることがあります。このため、大地震が発生すると、地方公共団体はできるだけ早く被災した建築物を調査し、倒壊や落下等の危険性判定、所有者や居住者だけでなく付近を通行する人などに対しても、その建築物の状態を知らせることになっています。

判定結果は「調査済」(緑)、「要注意」(黄)、「危険」(赤) の３種類のステッカーで表示し、建物の出入り口等の見やすい場所に表示します。「危険」が出た場合は立入禁止となります。緑のステッカーが貼ってある建物は、安全ということになります。

3. 応急危険度判定はここを見る

応急危険度判定を担当するのは地方自治体ですが、被害を受けた建物が多いと市町村の職員だけでは実施できません。このため、都道府県が実施する講習を受けて「応急危険度判定士」として登録されている建築士等に市区町村の災害対策本部が協力を要請し、２人１組で被災地をまわり、建物の外観を目視して調査します。

調査は、応急危険度判定調査表に基づいて、まず①外部調査を行い、次に②内部調査を行います。外部調査だけで判定が可能なときは、内部調査は省略できることになっています。

①外部調査	②内部調査
建築物の傾斜・沈下 構造躯体の被害状況 落下危険物 倒壊危険度	構造躯体の被害状況 落下危険物 倒壊危険度

応急危険度判定は、あくまでも応急に危険度を判定し、居住者等が２次被害を受けることを防ぐためのものです。「危険」という判定が出た場合でも、建物をどのように修理するか、建替えるかどうかといった判断をするためには、より詳しい調査が必要です。

4. 被災宅地危険度判定

建築物の応急危険度判定と同様に、宅地についても危険度を判定する

「被災宅地危険度判定」が実施されます。建物の場合とは違い、宅地については地震だけでなく、台風等の豪雨による宅地災害が広範囲に発生した場合にも実施します。

実施の主体は市町村の災害対策本部ですが、実際の判定は、宅地造成に関する技術的見識があり、養成講習会を受講した被災宅地危険度判定士が担当します。

調査・判定は、擁壁、地盤、のり面、排水施設を中心に、クラックやずれ、崩壊等、損傷の程度を調査し、配点表に基づいて被災状況を数値化して判定します。

判定結果は建築物と同様に、「危険宅地：赤」「要注意宅地：黄」「調査済宅地：青」の判定ステッカーを貼って関係者に注意を促します。

4 被災度区分判定

[redacted]

1. 建築設計事務所が業務として実施

被災度区分判定は、被災建築物の復旧を検討する前提となる建物の被害状況を把握するために行われます。ボランティアとして行う応急危険度判定とは違い復旧・復興を目的とする調査・判定ですから、建物の所有者等からの依頼を受けた建築設計事務所が業務の一環として実施します。

調査に当たるのは、被災度区分判定について講習を受けた建築構造技術者（1級建築士、2級建築士または木造建築士等）で、建築物の内部に立ち入り、建築物の沈下、傾斜および構造躯体の損傷状況などを調査し、建物の残存耐震耐力を推定して被災度を区分し、補修や補強の工事をすることで建物を使い続けることができるのか、あるいは建替えが必要なのかを判断します。

調査は、建物の沈下、建物の傾斜、構造躯体の損傷について行い、被災度区分は、無被害、軽微、小破、中破、大破、倒壊の６段階で判定します。

2. 阪神・淡路大震災をきっかけに制度化

被災度区分判定が行われるようになったのは、阪神・淡路大震災からの復旧がある程度進んでからでした。復旧の過程で被災した建物を十分調査しないまま取り壊したり、反対に補修をしても安全に使うことができない建物を補修工事するといったことが多発しました。このため、被災した建物がどの程度の耐震性を有しているか、復旧の可能性があるか否かを客観的に判定することの重要性が認識されました。

財団法人日本建築防災協会が鉄筋コンクリート造、鉄骨造等の構造別の被災度区分判定の基準を作成し、新潟中越地震の後、日本建築士事務所協会と協力して技術者の養成を行い、資格者のいる建築設計事務所名簿の作成等を行うようになりました。

現在は、日本建築防災協会と社団法人日本建築士事務所協会連合会が共同で、「震災復旧のための震災建築物被災度区分判定・復旧技術者講習会」を開催し、「震災復旧のための震災建築物被災度区分判定・復旧技術事務所名簿」を作成して都道府県に送付しているほか、ホームページなどでも公表しています。

3. 調査内容と判定方法

⑴　被災度区分判定調査表により、主に以下の事項について調査します。

①　全体沈下……最大沈下量

②　全体傾斜……全体傾斜角

③　構造躯体……損傷状況の最大の階における損傷割合

⑵　調査項目の判定

各調査項目の値によって判定します。

最大沈下量		小破	中破	大破	
全体傾斜角		小破	中破	大破	倒壊
構造躯体の損傷割合	軽微	小破	中破	大破	倒壊

⑶　建築物の判定

最大沈下量、全体傾斜角、構造躯体の損傷割合の各判定のうち、もっとも厳しい判定を、被災度区分判定とします。

⑷　補強の要否の判定

被災度区分判定と、その地域の地震動の大きさ（震度階）を組み合わせ、下表により補修、補強、解体等の判定をします。

		被災度区分					
		無被害	軽微	小破	中破	大破	倒壊
震度階	Ⅳ（中震）以下	−	○	△	×	×	×
	Ⅴ（強震）	−	○	○	△	×	×
	Ⅵ（烈震）以上	−	○	○	○	△	×

(－) 補修・補強不要（○）補修による復旧（△）補修又は補強による復旧（×）補強による復旧又は解体

補修：構造的性能が被災前とほぼ同等になるようにすること。

補強：構造的性能が被災前の状態よりも高くなるようにすること。

復旧：補修・補強をして再使用に耐えるようにすること。

4. マンション被災状況調査

社団法人高層住宅管理業協会では、協会会員社（マンション管理会社）の震災時支援ネットワークの一環として「マンション被災状況調査」を行っています。

調査のポイントは、①建物の傾斜　②建物の主要構造部（柱・梁・耐力壁・床等）　③主要構造部以外の躯体部分　④建物の使用に当たっての安全性の４項目です。各項目の損傷や問題点をチェックし、詳細調査や補修工事を行う必要があるかを判定し、管理組合に報告。さらに補修や補強方法、問題の処理方法についてアドバイスをします。

5 罹災判定

1. 家屋の罹災判定は４段階

地震などの自然災害で住宅が全壊や大規模半壊し、生活基盤が著しい被害を受けた世帯には、被災者生活支援法による支援金が支給されます。支給を受けるために必要な罹災証明書は、罹災判定に基づいて市町村が発行します。罹災証明書は損害保険などの請求や税の減免などの様々な手続きにも必要ですから、被災したら必ず発行を申請してください。

罹災証明書は、調査員が家屋の罹災判定のための現地調査をしてから発行されます。申請から発行までにある程度の期間がかかるのが普通です。家屋の調査は住宅の屋根、壁、基礎を外観目視調査して、被害の程度を判定します。この判定結果に納得がいかない場合は、被災者が申し出れば第２次調査が行われ、外観目視の他に内部立入調査も行って判定します。

損害の程度の判定基準は、内閣府が定めた「災害に係る住家の被害認定基準運用指針」により４段階になっています。また、罹災証明書は住宅の所有者だけでなく、賃貸住宅の居住者にも発行されます。

全壊	住家全部が倒壊、流失したものまたは住家の損壊が甚だしく補修により元通り再使用することが困難なもの（損害割合50％以上）。
大規模半壊	住家が半壊し、構造耐力上主要な部分の補修を含む大規模な補修を行わなければ居住することが困難なもの（損害割合40％以上50％未満）。
半壊	損壊が甚だしいが、補修すれば再使用できる程度のもの（損害割合20％以上40％未満）。
一部損壊	損害割合20％未満。

2. 被災者生活再建支援制度

罹災判定によって住宅が全壊または大規模半壊と認定された世帯には、被災者生活支援法に基づく被災者生活再建支援制度により、支援金が支給されます。支給額は下記の２つの支援金の合計額です。

⑴　住宅の被害程度に応じて支給する支援額（基礎支援金）

	住宅の被害程度	
	全壊等	大規模半壊
支給額	100万円	50万円

⑵　住宅の再建方法に応じて支給する支援金（加算支援金）

	住宅の再建方法		
	購入・建設	補修	賃貸＊
支給額	200万円	100万円	50万円

＊公営住宅に入居する場合を除く。

3．応急危険度判定と罹災判定は違う

罹災判定と応急危険度判定とは目的が違うため、被災者にとっては思いがけない結果になることもあります。応急危険度判定は、２次災害の発生を防ぐために行われるもので、地震による建物の構造的損傷の程度を調査し、余震などによる倒壊の危険性を判定します。このため、外観上は問題がないように見える建物でも立入禁止の赤ステッカーが貼られることがあります。

一方、罹災判定は、調査した時点で損壊している個所が基準に達していなければ、応急危険度判定で立入禁止とされた建物でも、大きな被害を受けていないとされることもあります。２次災害を防ぐためなどの理由で罹災判定を受ける前に建物を取り壊したりせざるを得ないときは、被害状況が分かるように写真を撮り、申請時に提出する必要があります。

4．津波による被害の調査

東日本大震災では津波による被害が甚大でしたが、「災害に係る住家の

被害認定基準運用指針」には津波による被害の標準的な調査・判定方法が定められていません。このため、内閣府は航空写真や衛星写真で住宅が流出したかどうかを確認、流出した住宅は全壊と認定し、流出しなかった住宅は外観目視調査で全壊、大規模半壊等の判定をすることにしました。

5. 罹災届出証明書と被災証明書

罹災届出証明書は罹災届を提出したことを証明するもので、罹災証明書とは違い即日発効されます。支援によってはこの証明書でも受けられるものがあります。被災証明書は被災したという事実があれば発行されるもので、即日発行され家屋以外のすべての被害が対象になります。家財や休業による被害についての補償を受けることもできます。

6 復旧・建替え・再建

1. 法律の適用

災害によりマンションが被害を受けた場合の復旧は、一般的には区分所有法が規定する手続きによって行われます。ただし、建物が全部滅失した場合で、被災区分所有建物の再建築に関する特別措置（被災マンション法）が適用されたときは、この法律の定めにより行われます。

なお、被災したマンションを解体し、新しい建物をつくるとき、区分所有法による場合は「建替え」ですが、被災マンション法による場合は「再建」といいます。

2. 区分所有法が適用される場合

被害の程度を小規模滅失（建物価格の２分の１以下に相当する部分の滅失）と大規模滅失（建物価格の２分の１を超える部分の滅失）に区分して、それぞれ管理組合総会で復旧を決議することができます。

⑴　小規模滅失の場合の復旧

区分所有法の規定によると、区分所有者および議決権の過半数の賛成により復旧を決議することができます。この決議が行われると、復旧工事に必要な費用は各区分所有者が全員で負担することになります。

もし復旧決議が行われないときは、各区分所有者は共用部分を復旧することができます。この場合は、その費用を他の区分所有者に請求することができます。

団地型マンションの場合や、構造上・機能上独立した棟があるマンションの場合は、原則として棟ごとに決議します。

なお、復旧工事が共用部分の変更を伴う場合は、区分所有者および議決権の各４分の３以上の賛成による特別決議が必要になります。

⑵　大規模滅失の場合の復旧

大規模滅失したマンションを復旧するためには多額の費用がかかることや、復旧をしないで建替えや解散（区分所有関係の解消）をすべきと考える区分所有者にも配慮する必要があります。このため管理組合総会で復旧決議をするときは、区分所有者および議決権の各４分の３以上の賛成による特別決議によらなければなりません。

また、復旧決議に賛成しなかった区分所有者は、賛成者に対して建物と敷地に関する権利を時価で買い取るように請求できることになっています。これは買取請求権といわれるもので、この権利を行使すると当事者の間で売買契約が成立したことになります。

なお、地震などが発生し滅失が生じてから6ヵ月以内に復旧決議が行われないときは、各区分所有者は他の区分所有者に自分の権利を買い取ることを請求することができます。大規模滅失したマンションをいつまでも放置されないように、こうした規定がもうけられているわけです。

(3) 建替え

大規模滅失したマンションの復旧をあきらめて、建替えをする場合もあります。この場合は、区分所有法の建替えの規定に基づき、管理組合総会で区分所有者および議決権の各5分の4以上の賛成による建替え決議をすることになります。建替え決議をする総会の開催や決議後の手続きも区分所有法の規定によります。

3. 区分所有関係の解消

上記のように大規模滅失したマンションの復旧には4分の3以上、建替えには5分の4以上の賛成が必要です。管理組合で話し合いを重ねても大多数の区分所有者の意見が一致しないこともあります。こうした場合、民法の規定に基づき区分所有者の全員が合意すれば、区分所有関係を解消し、建物と敷地を売却して、そのお金を持分割合に応じて配分することもできます。

東日本大震災の被災マンションのなかには、建替えや再建を断念し、全員一致で区分所有関係の解消を決議した管理組合もあります。

4. 被災区分所有建物の再建等に関する特別措置法

マンションが全部滅失すると、区分所有関係が消滅し、その敷地の共有関係または借地権等の準共有関係だけが存在することになります。区分所有法の適用対象外になり、管理組合も存在しなくなります。この場合、マンションを再建するためには、民法の規定に基づき全員の同意が必要になり、1人でも反対者がいるとマンションの再建ができなくなります。

こうした事態を避けるため、阪神・淡路大震災の直後に「被災区分所有建物の再建等に関する特別措置法」（被災マンション法）が制定されました。この法律は大規模な震災等の政令が定める災害により、マンション（区分所有建物）が全部滅失した場合には、全員合意という民法の原則を変更し、敷地共有者等による集会で５分の４以上の賛成があれば、マンションを再建できることになりました。東日本大震災では、この法律を適用する前提となる政令による指定は行われませんでした。

7 建築制限

1. 建築基準法による最大２ヵ月の制限

災害にあった地域を再生するためには区画整理や道路・公園等の整備が必要なことも多く、復興計画ができる前に建物が無秩序に建設されることを防ぐことが重要課題になります。このため建築基準法84条は市街地に災害があった場合、都市計画等のため必要があるときは、市町村等が対象となる区域を指定して、災害発生日から通常は１ヵ月間、最大２ヵ月間、建築物の建築を制限または禁止することができることを定めています。

しかし、東日本大震災では、東北地方の沿岸部の市町村を中心に、多数の死者・行方不明者が発生するとともに、多くの建築物が損壊するなど、甚大な人的・物的被害が発生しました。復興計画をつくるためには２ヵ月では足りないことが明らかとなりました。

2. 東日本大震災では特例法で８ヵ月の制限

このため「東日本大震災により甚大な被害を受けた市街地における建築制限の特例に関する法律」が制定され、市街地の健全な復興のためやむを得ないと認めるときは、上記の建築基準法の規定にかかわらず、3月11日の地震発生の日から最大８ヵ月間、建築制限または禁止を行うことができるように改められました。

建築制限の対象となるのは、新築・増築・改築（建替え）・移転（曳家）で、修繕工事・補修工事・リフォーム工事は制限の対象となりません。また、国、県、市等が震災復興事業のために建築する建築物や工事の現場事務所等は除外されました。

この特例法で延長されていた建築制限は2011（平成23）年11月11日で期限切れになりましたが、復興計画はまだできていません。対象地域の多くは被災市街地復興特別措置法に基づいて市町村が指定する復興推進地域に移行し、条件付きで建築が許可されることになりました。

3. 被災市街地復興特別措置法による制限

被災市街地復興特別措置法は阪神・淡路大震災の直後に制定されたもので、大規模な火災、震災等の被害を受けた市街地について、緊急かつ健全な復興を図るため、市街地の計画的な整備改善と、市街地の復興に必要な住宅の供給について、必要な事項を定める等特別の措置を講ずることを目的とする法律です。この法律は、①都市計画区域内の市街地が大規模な火災や震災等を受けて相当数の建築物が滅失したような場合、都市計画に「被災市街地復興推進地域」を定めることができること。②災害の発生した日から２年以内を期限とする市街地の整備改善の方針（緊急復興方針）を定めること。③被災市街地復興推進地域内で、緊急復興方針に定められた日までに、土地の形質の変更、または建築物の新築・改築・増築等をする場合には、原則として知事（または市長）の許可を受けなければならないこと。④知事（または市長）の許可が得られないために土地所有者に著しい支障が生ずる場合には、都道府県・市町村等は当該土地を時価で買い取ること。⑤被災者に公営住宅等の入居者資格を特例で認めること、などを定めています。

なお、復興推進地域を指定した石巻市の場合、2013（平成25）年３月11日までの間は、敷地面積300㎡未満で２階建て以下の建物しか建設が認められず、区画整理などが行われることを考慮して「容易に移転が可能なこと」という条件も付いています。

また、東日本大震災の被災地では、上記の他に建築基準法39条を適用して津波、高潮、出水、がけ崩れ等の危険の著しい災害危険区域について、住民の安全を守る目的で条例により建築物の建築の制限や禁止を行っている自治体もあります。

4. 迅速に計画ができた阪神・淡路大震災

阪神・淡路大震災のときは建築基準法による２ヵ月間の建築制限は実施されましたが、この間に復興計画ができたため、今回のような特別立法による建築制限は行われませんでした。

阪神・淡路大震災のとき、神戸市では地震発生１ヵ月余りで建築制限が行われている区域の復興計画案を示しました。その後各市の建築制限区域について、各市町・県の都市計画審議会を経て土地区画整理事業と市街地再開発事業の都市計画決定が行われています。また、この都市計画決定と同時に被災市街地復興特別措置法に基づく「復興推進地域」の指定も行われました。

阪神・淡路大震災と東日本大震災では災害の規模が違いますから、一概に比較はできませんが、被災者の身になれば建築制限は短いにこしたことはありません。東北地方の復興のテンポが遅いのは気になります。

第8章

保険・税金・金融商品等の知識

1 火災保険

[redacted]

火災保険は、建物（住宅、店舗、事務所等）やその収容動産（家財、什器、備品、商品、製品等）に生じた火災、落雷、爆発、風災等による損害または臨時費用、残存物取片づけ費用などについて保険金が支払われる保険です。現在は住宅総合保険や店舗総合保険をはじめ、傷害や賠償責任まで含んだ包括的な総合保険やオール・リスク方式の保険商品など多様化が進んでいます。

火災保険の保険金額は保険価格と同額で設定するのが基本であり、原則として保険金は保険金額および損害額を限度として、下記算式による比例てん補方式で支払われるので注意が必要です。

$$\text{損害保険金}=\text{損害額（保険金額が限度）}\times\frac{\text{保険金額（分母の額が限度）}}{\text{保険価額}}$$

損害保険においては、保険金額とは契約金額のことで、保険会社が支払う保険金の限度額を指します。保険価額とは「被害が生じたときおよび損害が生じたときにおける保険契約の目的の価額」のことで、被保険者利益を金銭に評価した額です。建物保険であれば、通常時価となります。

なお、住宅火災保険や住宅総合保険、店舗総合保険などでは保険金額が保険価格の80％以上であれば、実際の保険金額が支払われます。

2 地震保険

[redacted]

地震保険は、居住用建物と生活用動産を対象として、火災保険とあわせて契約します。地震・津波・噴火等に起因する建物の倒壊等はもとより、火災による焼失や延焼は火災保険では補償の対象とはなりません。

火災保険では、地震による火災により半焼以上の損害を受けた場合に限り地震火災費用保険金が支払われるが、緊急に必要な諸費用の一部にあてる見舞金程度の額でしかありません。地震リスクに備えるためには、火災保険にあわせ地震保険に加入することが必要です。

地震保険の保険金額は、火災保険金額の30〜50％で、かつ建物5,000万円、家財1,000万円が保険金額の限度です。地震、噴火、津波を直接あるいは間接の原因とする火災、損壊、埋没または流失により保険の目的について生じた損害が、全損、半損、または一部損に該当するときに、それぞれ保険金額の100％、50％、５％の保険金額が支払われます。

１回の地震により、政府と損害保険会社が支払う保険金総額の限度額は５兆5,000億円となっています。

3 傷害保険

[redacted]

傷害保険は、被保険者が日本国内・国外で急激かつ偶然な外来の事故によってその身体に傷害を被り、その直接の結果として、①死亡したとき、②身体に後遺傷害が生じたとき、③平常の生活や業務に支障があるため、医師の治療を要したときに、保険金が支払われます。

傷害保険の種類　個人傷害保険

保険種類	補償の内容	被保険者の範囲
普通傷害保険	日常生活でのあらゆる事故によるケガを補償する。死亡、後遺障害、入院、手術、通院、賠償責任（特約）を保障する。	・本人 （満年齢：0歳〜69歳）
家族傷害保険	1件で、家族全員の日常生活でのあらゆる事故によるケガを保障する。支払われる保険金等は普通傷害保険と同じ。	・本人 ・配偶者 ・本人または配偶者と生計を共にする同居の家族 ・本人または配偶者と生計を共にする別居の未婚の子
ファミリー交通傷害保険	1件で、家族全員の交通事故および建物火災・乗物火災によるケガを保障する。支払われる保険金等は普通傷害保険と同じ。	
交通事故傷害保険	交通事故および建物・乗り物火災によるケガを保障する。支払われる保険金等は普通傷害保険と同じ。	・本人

保険金を支払う主な例

① 料理中にヤケドした。
② スキー場でケガをした。
③ 海水浴中に溺死した。
④ 火災の煙で窒息死した。
⑤ 通勤途上で自動車にはねられた。
⑥ 自転車で転倒してケガをした。
⑦ 改札口の内側の階段でころんでケガをした。
⑧ エスカレーターを降りるときケガをした。
⑨ エレベーターのドアに腕をはさまれた。
⑩ 道路通行中、工事現場から出てきたトラックにはねられた。

（注意１）
普通傷害保険・家族傷害保険において保険金が支払われるのは①〜⑩、ファミリー交通傷害保険・交通事故傷害保険において保険金が支払われるのは④〜⑩。

（注意２）
病気、靴擦れ、しもやけ、日やけ、職業病、日射病、細菌性食物中毒等は保険金が支払われません。また、山岳登はん等危険な運動中のケガも同様です。

4 賠償責任保険

[redacted]

賠償責任保険は、被保険者が偶然の事故により他人に与えた身体傷害

（これに起因する死亡を含む。）や財物の滅失、毀損、汚損につき、法律上の損害賠償責任を負うことによって被る損害に対し、保険金が支払われます。対象となる損害には、賠償金のほか、損害の防止・軽減のために必要かつ有益な費用、事故発生時の緊急護送費用や保険会社の同意を得て支出した訴訟費用なども含まれます。

賠償責任保険の対象となるリスクは多種多様であるため、事故発生の種類ごとに普通約款にリスクに応じた特別約款を組み合わせ、てん補限度額（賠償責任保険では、保険金額に相当するものをてん補限度額という。）を定めて契約します。いずれの特別約款でも、契約者や被保険者の故意などによる損害は保険金の支払いの対象になりません。

5　生命保険

1．保険契約上の措置

⑴　地震免責条項等の不適用

生命保険は、約款上、地震等による災害関係保険金・給付金を削減したり、支払わない場合がある旨が規定されています。保険料算定の中に、地震災害による危険保険料が含まれていないからです。

しかし、1923（大正12）年の関東大震災のときも、先般の阪神・淡路大震災のときも保険金は削減されることなく支払われました。東日本大震災では、地震発生２日後に生保協会（47社）は、会員会社全社が地震免責条項等を適用しないことをプレス・リリースし、全国紙５紙、被災地域の地方紙（８紙）に新聞広告を行いました。

⑵　保険金等の簡易迅速支払い

東日本大震災では、着の身着のままで避難された方も多く、家財等の消失・流出により保険金・給付金・契約者貸付等の手続きの際に必要な書類（保険証券・印鑑等）がないケースが沢山ありました。一方、市町村役場や病院・信金自体の被災も多かったことから、会員会社にて円滑な保険金支払業務が行われるよう「保険金等各種支払に関するガイドライン」を2011（平成23）年３月15日に策定して、全国紙・地方紙に新聞広告を実施するとともに、生保協会のホームページに「保険金等の請求手続きに関するＱ＆Ａ」を発信しました。

⑶　保険料払込猶予期間の延長

災害救助法が適用された場合は自動的に、保険料払込猶予期間を６ヵ月延長する旨を定めていますが、今回の被災規模を踏まえて、４月27日に以下の事項を決定して公表しました。

・保険料払込猶予期間を再延長し、最長９ヵ月にすること。
・猶予期間分の保険料の払込期日を2024年10月末までとし、分割払いも可とすること。

2. 保険金等の支払いの対応に関する取組み

生保各社はそれぞれが持つチャネルやリソースを活用し、顧客を訪問したり、あらゆる手段を講じて連絡を取ったりしながら顧客の安否を確認し、保険金の支払手続きや保険契約の継続に必要な情報を提供してきました。安否確認対象になる顧客数は約294万人あり、2011年７月中旬時点で約293万人の安否確認が終了しました。

3. 災害地域生保契約紹介制度

家屋の流出・焼失で生命保険に関する手がかりをなくした方や行方不明者の家族の方のために2011（平成23）年４月１日から「災害地域生保契約紹介制度」が発足しました。紹介センターを新たに設置し、調査依頼を生保各社に出し、その結果を必ず紹介者に「該当」のある・なしが伝えられました。同年４月から７月までの紹介センターでの受付実績は5,872件あり、その内、3,286件（65.3%）が契約判明しました。

4. 行政等への要望

生保契約の受取人は予め固有名詞で指定されていることが一般的ですが、その受取人が死亡した場合、正当な保険金受取人の特定に時間がかかるという課題がありました。

そこで生保協会では、「日本損害保険協会」「外国損保協会」と連名で監督官庁に対し、保険会社による戸籍謄本の交付請求、住民票の写し等の交付請求に関する要望書を提出し、可能となりました。

なお、行方不明者への対応について、「危険失踪」であっても行方不明から１年経過することを待つ必要があるため、行方不明者の家族の生活保障ができず、何らかの形で公けに行方不明者の死亡を確認・確定できるように行政機関に要望し、認められました。

5. 震災孤児への対応

今回の震災では不幸にも親や親権者の全員を亡くした未成年者が200名を超すといわれています。生保協会では「未成年生保支援ネットワーク」を構築し、震災孤児への支援を行う取り組みを開始しました。生保協会・同協会会員の他、岩手・仙台・福島弁護士会、岩手県保健福祉部児童家庭課、福島県中央児童相談所が参加しています。その他里親に関することやこころのケア等官民一体となって震災孤児への支援を図っています。

6 災害見舞金

[redacted]

震災、火災、水害にあった被災者に対して、地方自治体や企業、個人から贈られる見舞金を「災害見舞金」といいます。

地方自治体については条例や福祉規定により、火災や風水害などの自然災害で住家に一定規模以上の被害を受けた市民に、災害見舞金を支給します。また、被害を受けて死亡された遺族に、災害弔慰金を支給します。

ただし、災害により被害が一時的に多数生じたときや災害による被害がその者の故意による場合は支給されないことがあります。支給に当たっては、自治体の福祉課に申請が必要です。また、この見舞金とは別に、日本赤十字社から毛布や日用品などの物資が支給される場合があります。

1. 地方自治体

例えば、さいたま市の場合は

・　住居の被害が全焼、全壊、流失の場合１世帯当り３万円、１人２万円
・　住居の被害が半焼、半壊、床上浸水の場合１世帯２万円、１人１万円
・　災害により１ヵ月以上の加療を要する重症を負った場合は１人５万円
・　災害弔慰金は、…………………………………………………１人10万円

どの地方自治体も大体同じような規定ですが、受給に当たっては地元の地方自治体に問合せください。

2. 企業体

企業が、被災した自社の従業員に対して支給する災害見舞金は、一般に慶弔・災害給付の一環として制度化され、就業規則に定められた給付額などの規定に従って支給されます。福利厚生費のため、全額を経費に算入でき、所得税の源泉徴収の対象になりません。また、会社とは別に労組や共済会が独自に給付主体になって支給する災害見舞金もあります。

労働基準法には災害見舞金の支給を義務づける規定はなく、災害見舞金を支払う法律上の義務はありません。もっとも労働協約、就業規則、労働契約等に一定の場合に災害見舞金を支給する旨を定めている場合は、当該規定に従って支給する必要があります。また、このような規定がない場合であっても、会社の判断により任意に支給することは可能です。製造業者・卸売業者が自己あるいはその特約店等に専属するセールスマンのために、社内規定等の一定の基準に従って支給された見舞金等についても、同様の取り扱いとすることができます。

なお、協同組合等が一定の基準に従って組合員その他直接または間接の構成員を対象にして支給する災害見舞金も、交際費に該当せず、損金として処理できます。

法人が災害を受けた得意先等の取引先に対して、例えば、売掛金債権の免除、無利息による融資、災害見舞金の支出の方法による支援については、一定の要件を満たせば同様に処理できます。

7 復興資金

[redacted]

1.「東日本大震災復興基本法」　2011年６月24日成立

「地震及び津波並びにこれに伴う原子力発電施設の事故による複合的なものであるという点において未曽有の国難であることに鑑み（中略)、東日本大震災からの復興のための資金の確保、復興特別区域制度の整備その他の基本となる事項を定めるとともに、東日本大震災復興対策本部の設置及び復興庁の設置に関する基本方針を定めること等により、東日本大震災からの復興の円滑かつ迅速な推進と活力ある日本の再生を図ることを目的とする」（１条）と冒頭にうたわれています。

2.「東日本大震災に対処するための特別の財源援助及び助成に関する法律」　2011年５月２日成立

「原子力発電所事故による災害への対処」を含む、143条からなります。

3.「復興財源確保法」　2011年11月30日成立

今回の大震災からの復興のために、少なく見積もっても20兆円から30兆円程度の政府による「追加的財政支出」が緊急に必要とされています。

震災発生から８ヵ月過ぎて、やっと復興財源を賄う臨時増税を盛り込んだ復興財源確保法が成立しました。その骨子は、以下の通りです。

(1)　「資金の確保のための措置」（７条）

①　予算を徹底的に見直し、歳費の削減を図る。

② 財政投融資に係る資金および民間の資金の積極的な活用を図る。

(2) 「臨時増税」

総額10兆5,000億円。所得税を2013年1月から25年間、税額を2.1%分上乗せする。法人税は実効税率をいったん5%引き下げたうえで、3年間に限って税額を10%上積みする。個人住民税も2014年6月から10年間、年1,000円引き上げる。

(3) 「復興債」

① 11兆5,500億円　発行。

② 個人向けに2012年1月から新発売（1月中に1兆5,000億円販売）。

③「つなぎ国債」

基礎年金の2分の1を負担するのに必要な財源26兆円をこの国債で賄う方針。

4. 「東日本大震災事業者再生支援機構法」2011年11月22日成立

この法律は、金融機関からの債権を買い取る「東日本大震災事業者再生支援機構」を新たに発足させ、支援機構が事業者の被災前の債務を金融機関から買い取り、最長で15年間、元本・利子の返済を免除するものです。

8 寄付金

[redacted]

1．制度の概要

納税者が国や地方公共団体、特定公益増進法人などに対し、「特定寄附金」を支出した場合には、所得控除を受けることができます。これを寄附金控除といいます。なお、政治活動に関する寄附金、認定ＮＰＯ法人等に対する寄附金および公益社団法人等に対する寄附金のうち一定のものについては、所得控除に代えて、税額控除を選択することができます。

2．特定寄附金の範囲

特定寄附金とは、次のいずれかに当てはまるものをいいます。ただし、学校の入学に関してするもの、寄附をした人に特別の利益がおよぶと認められるものおよび政治資金規正法に違反するものなどは、特定寄附金に該当しません。

⑴　国、地方公共団体に対する寄附金。

⑵　公益社団法人、公益財団法人その他の公益を目的とする事業を行う法人または団体に対する寄附金のうち、財務大臣が次に掲げる要件を満たすと認め、指定したもの。

①　広く一般に募集されること。

②　教育または科学の振興、文化の向上、社会福祉への貢献その他公益の増進に寄与するための支出で緊急を要するものに充てられることが確実であること。

3．寄附金控除の控除額の計算方法

次のいずれか低い金額－２千円＝寄附金控除額。

① その年に支出した特定寄附金の額の合計額。

② その年の総所得金額等の40％相当額。

4．東日本大震災に係る義援金等に関する税務上（所得税、法人税）の取り扱いについて

⑴ 個人の方が義援金等を支出した場合の取り扱い（所得税関係）

個人が義援金等を支出した場合には、その義援金等が国または地方公共団体に対する寄附金や財務大臣が指定するものなど一定のものであるときには、「特定寄附金」に該当し、寄附金控除の対象となります。

特定寄附金を支出した場合、次の算式で計算した金額が所得の金額から控除されることになります。

震災関連寄附金以外の特定寄附金の額の合計額＋震災関連寄附金の額の合計－２千円＝寄附金控除額

⑵ 「ふるさと納税」による支援の場合どうなるか。

都道府県・市町村に対する寄附金税制（いわゆる「ふるさと納税」）は、個人住民税納税者がふるさとを応援するために設けられた寄附金制度ですが、被災地に対する寄附金および義援金も税制上はふるさと納税に該当します。ふるさと納税による税額控除額は以下の方式で計算されます。

税額控除額の計算は、以下の通りです。

①と②の合計額を税額控除。

①［地方公共団体に対する寄附金─500円］×10％。

②［地方公共団体に対する寄附金─500円］×［90％－寄附者適用される所得税の限界税率（０％～40％）］

注１　複数の団体に対して寄附を行った場合はその寄附金の合計額をもとに計算。

注２　②の額については、個人住民税所得割の額の１割を限度とする。

控除対象限度額は、総所得金額等の30％（地方公共団体に対する寄附金以外の寄附金との合計額）。

⑶　法人が義援金等を支出した場合の取り扱い（法人税関係）

法人が義援金を支出した場合には、その義援金等が「国又は地方公共団体に対する寄附金」（国等に対する寄附金）、「指定寄附金」に該当するものであれば、支出額の全額が損金の額に算入されます。

9 税金の特例

1．税制優遇措置

わが国では、地震、津波、台風、火山噴火など自然災害が多く発生し、その度に当該地域に大きな被害をおよぼしてきました。1995（平成７）年１月17日に発生した阪神・淡路大震災では、神戸を中心にして甚大な被害が生じ、特別に震災税特法が制定されて、被災者への便宜措置や復興のための税制優遇措置などが設けられました。今回の東日本大震災についても、同様な措置がとられて対応を図っています。

2. 国税の特別措置

税金には大別して国税と地方税がありますが、国税については災害などの理由により申告、納付などをその期限までにできないときは、期限終了日から２ヵ月以内の範囲でその期限を延長することができます。

所得税の軽減では、確定申告で①所得税法に定める雑損控除の方法、②災害減免法の定める税金の軽減免除による方法のいずれか有利な方法を選ぶことで所得税の全部または一部を軽減することができます。

災害が発生した後に納付期限がくる予定税額について、税務署長に申請することにより減額することができます。

災害などにより住宅や家財などに損害を受けた場合、給与所得者が税務署長に申請することにより所得金額の見積額に応じて源泉所得税額の徴収猶予や還付を受けることができます。また、災害により被害を受けた場合、税務署長に申請することにより納税の猶予を受けることができます。

3. 地方税の特別措置

個人住民税、固定資産税、自動車税などの地方税について一部軽減または免除を受けることができます。

ただし、地方税は減免等の要件や手続き、また期限の延長について自治体によって異なります。具体的な手続きについては、各都道府県、市町村に問い合わせることが必要となります。

4. 震災特例法による特別措置について

今回の東日本大震災の被災者等の負担を軽減するために、2011（平成23）年４月27日にいわゆる「震災特例法」が施行されました。その主な内容は、以下の通りです。

(1)　国税の特別措置

①　所得税法に定める雑損控除の方法、災害減免法の定める税金の軽減免除による方法について、2010（平成22）年分または2011（平成23）年分のいずれかの年分を選択して軽減等の措置ができます。

②　居住できなくなった住宅で、住宅借入金等特別控除の適用を受けていた場合、その住宅に係る住宅借入金等特別控除の残りの適用期間も引き続き適用を受けることができます。

③　自動車検査証の有効期間内に被害を受けて廃車となった場合、一定の手続きをすることで自動車重量税の還付を受けることができます。

④　地方公共団体または政府系金融機関等が被災者等に対して、他の金銭の貸付けの条件に比べて特別に有利な条件で行う金銭の貸付けに係る「消費貸借に関する契約書」について、印紙税が非課税になります。

⑤　代替建物を取得する場合、被災者が作成する「不動産の譲渡に関する契約書」および「建設工事の請負に関する契約書」について、印紙税が非課税になります。

(2)　地方税の特別措置

①　住民税関係

住宅・家財・自家用車などに損害を受けた場合、住民税の軽減を受けることができます。

②　固定資産税・都市計画税・不動産取得税関係

津波等により甚大な被害を受けた区域として市町村長が指定した区域内の土地・家屋については、2011（平成23）年度分の固定資産税・都市計画税は課されません。なお、特段の手続きは不要となります。

震災で滅失・損壊した住宅の敷地について、引き続き住宅用地に係る固定資産税・都市計画税の軽減を受けることができます。

被災した家屋・土地に代わるものを取得した時、また、被災した償却資産に代わるものを取得した場合には、特例があります。

③　自動車取得税・自動車税・軽自動車税関係

大震災で滅失・損壊した自動車の自動車税・軽自動車税は非課税になります。被災した自動車に代わる自動車を取得した場合には、自動車取得税が非課税になります（2011年３月11日から2014年３月31日までに取得した分）。また、2011年度から2013年度までの各年度分の自動車税・軽自動車税が非課税となります。

10 預貯金の扱い

1. 金融庁の特別手当て

大規模な災害が発生することにより、多くの犠牲者が出たり預金通帳が焼失することで自分や家族の預金を自由に使うことができなくなってしまいます。そこで金融に責任を持つ金融庁は特別な手当てを講じて、被災者に少しでも便宜を図っています。

金融庁のホームページを見ると、以下のような対策を講じています。

・預金通帳や印鑑を紛失した場合でも、本人であることが確認できる書類の提示により、金融機関は預金の払戻しに応じています。

・本人であることが確認できる書類を紛失してしまった場合についても、住所・氏名等をお伺いし、登録内容との一致を確認したうえで払戻しを行うなど、柔軟な対応に努めています。

・預金者本人の死亡時や行方不明時に親・子ども・配偶者等から預金の払出しの求めがあった場合には、必要な要件を満たすことを確認したうえで一定の金額の払出しに応じるなど、柔軟な対応に努めています。

・今般の震災で亡くなられた方や行方不明の方の預金について、遺族や親族がどの銀行に口座があったか分からない場合には、全国銀行協会に照会ください。

・他の地域に避難されている場合、取引金融機関以外の店舗でも預金の払戻しを取り扱っている金融機関があります。

2. 金融機関（銀行、信用金庫、信用組合等）への要請

⑴　預金証書、通帳を紛失した場合でも預金者であることを確認して払戻しに応ずること。

⑵　届出の印鑑のない場合には、拇印にて応ずること。

⑶　事情によっては、定期預金、定期積金等の期限前払戻しに応ずること。また、これを担保とする貸付にも応ずること。

⑷　今回の災害による障害のため、支払期日が経過した手形については関係金融機関と適宜話し合いのうえ取立ができるとすること。

⑸　災害時における手形の不渡処分について配慮すること。

⑹　汚れた紙幣の引換えに応ずること。

⑺　国債を紛失した場合の相談に応ずること。

⑻　災害の状況、応急資金の需要等を勘案して融資相談所の開設、審査手続きの簡便化、貸出の迅速化、貸出金の返済猶予等災害被災者の便宜を考慮した適時的確な措置を講ずること。

⑼　休日営業または平常時間外の営業について適宜配慮すること。窓口における営業ができない場合であっても、顧客および従業員の安全に十分配慮したうえで現金自動預払機等において預金の払戻しを行う等、災害被災者の便宜を考慮した措置を講ずること。

⑽　⑴～⑼にかかる措置について実施店舗にて店頭掲示を行うこと。

3. 証券会社への要請

⑴ 届出印鑑喪失の場合における可能な限りの便宜措置を講ずること。

⑵ 有価証券喪失の場合の再発行手続きについて協力をすること。

⑶ 被災者顧客から、預かり有価証券の売却・解約代金の即日払いの申し出があった場合、可能な限りの便宜措置を講ずること。

4. 生命保険会社、損害保険会社および少額短期保険業者への要請

⑴ 保険証券、届出印鑑等を喪失した保険契約者等については、可能な限りの便宜措置を講ずること。

⑵ 生命保険金または損害保険金の支払いについては、できる限り迅速に行うよう配慮すること。

⑶ 生命保険料または損害保険料の払込については、契約者の罹災の状況に応じて猶予期間の延長を行う等適宜の措置を講ずること。

5. 火災共済協同組合への要請

⑴ 共済契約証書、届出印鑑等を喪失した共済契約者等については、可能な限りの便宜措置を講ずること。

⑵ 共済掛金の払込については、契約者の罹災の状況に応じて猶予期間の延長を行う等、適宜の措置を講ずること。

11 住宅ローンの扱い

[redacted]

1．二重債務問題への対応方針

金融庁は、東日本大震災で発生した住宅ローンの二重債務問題の取り扱いについて、以下のような方針に基づいていくこととしています。

⑴　今回の大震災は、その被害が東日本の極めて広域に及ぶだけでなく、大規模な地震と津波に加え原子力発電施設の事故が重なるという、未曽有の複合的な大災害です。

こうした中にあって、震災直後から国は金融機関に対し被災者の厳しい状況に照らし、まずは返済猶予等の条件変更に弾力的に対応するよう要請し、現在も基本的にその状況は継続しています。

しかしながら、今後被災者が復興に向けて再スタートを切るに当たり、既往債務が負担になって新規資金調達が困難となる等の問題（いわゆる二重債務問題）が生じることが想定されます。

⑵　震災からの着実な復興のためには、この二重債務問題に適切に対応し、金融機関・被災者のみならず、国・自治体を含め関係者がそれぞれ痛みを適切に分かち合い、一体となって問題の対応に当たることが必要です。もとより被災地・被災者の状況は千差万別であり、単一の政策ですべてが解決できるような単純な問題ではありません。

個人レベルでみれば震災でほとんどすべての資産を失い、負債のみ残されたという事例は過去の震災にも数多く見られ、そうした被災者が苦しみに耐え復興を果たしてきた事実は重いのです。また、今次震災での様々な被災者間の公平の確保にも配慮しなければなりません。

それでもなお、今回の震災が復興までに長期の時間を要すると見込まれる実態を踏まえれば、被災者の債務問題に関しても政府として可能な限りの対策を準備する必要があります。

2. 個人住宅ローン向け対応

(1) 旧債務

① 住宅金融支援機構における既存ローンの返済猶予等

住宅金融支援機構（旧公庫融資を含む。）の既往貸付者のうち、東日本大震災で被災し、返済が困難になった方に対して、払込みの猶予および払込み猶予期間中の金利引下げ等の返済方法の変更を措置（払込み猶予期間および返済期間の延長措置については最長３年から最長５年、払込み猶予期間中の金利引下げについては、最大で「1.5％引下げた金利」から最大で「1.5％引下げた金利又は0.5％のいずれか低い方」に拡充)。

② 個人向けの私的整理ガイドラインの策定

事業性ローンと同じく、住宅ローンについても、金融機関が、資金を借りている個人に対し、自己破産によらず、私的に債務整理を行った場合の債務免除についても無税償却等が可能となる方策を検討することとし、その一環として「個人向けの私的整理ガイドライン」を策定します。

③ 住宅再建を目指す方の負担軽減

事業性ローンと異なり、新債務を抱えて資産を取得しても、基本的に収入増が見込めない住宅ローンの特質を踏まえ、災害公営住宅への入居を推進するため用地取得造成費の補助対象化等によりその供給を促進するなど、極力二重債務を抱えなくて済むような施策を講ずるとともに、住宅金融支援機構の災害復興住宅融資について、融資金利の引下げを措置すること等により、新規の住宅取得にかかる費用と既往の住宅ローンの返済にかかる費用をあわせた負担が全体としてできるだけ軽減される措置を講じます。

⑵　新債務

①　住宅金融支援機構による金利引下げ・返済期間の延長。

住宅金融支援機構が実施する災害復興住宅融資（災害により滅失・損傷した家屋の復旧に必要な資金を長期固定で貸付け）について、融資金利の引下げ（建設・購入の場合は当初５年間０％等)、元金据置・返済期間の延長等を措置。

②　災害公営住宅の供給

自力での住宅再建・取得が困難な方については用地取得造成費の補助対象化を図ることによって、国庫補助率を引き上げて整備を促進する災害公営住宅についてその供給をはやめ、被災者の生活安定を図ります。

第９章

資料

第１部　自主防災組織の設立と活動事例

Ⅰ　南町田自治会の災害への備え

阪神淡路大震災後、「自助、共助、公助」がうたわれ、このたびの東日本大震災で「自助、共助」の重要性がさらに強く認識されています。

ここでは、これから「自主防災組織」を作ろうとする町内会や自治会のための参考資料として、東京都町田市南町田自治会の自主防災組織設立までの活動歴を中心に、そしてその後の活動についても、実例を紹介します。

Ⅱ　自主防災組織検討委員会の活動

１．従前の防災組織と地域防災の検討開始

自治会は1977（昭和52）年に設立されているが、防災活動は、委員４名の「防災・防犯部」の成立、防災訓練の実施、消火器の町内各所への設置という程度でした。その後阪神淡路大震災を契機に防災部を独立設置。2004（平成16）年自治会内に諮問委員会「総合防災対策検討委員会」を設置し、地域の防災のあり方等本格的な検討を開始しました（委員７名、自治会役員６名、計13名。検討期間６ヵ月）。

２．「総合防災対策検討委員会」の検討項目

自治会からの諮問検討項目は、次のように多岐にわたりました。

⑴　防災倉庫の合理的活用方法と増築構想。

⑵　備蓄食料品および医薬品の充実。

⑶　防災器具の完備。

⑷　実効性のある自主防災組織の構築。

⑸　所帯構成人員と要援護者（高齢者、障害者、妊産婦、乳幼児、外国人）の把握。

⑹　防災訓練（消火、救護、避難誘導、炊き出し）の徹底。

⑺　救命救急講習の実施。

⑻　緊急連絡網の設置（自治会員、関係官署）。

⑼　被災および安否情報の収集管理。

⑽　役所（防災課）、消防署、消防団、近隣町内会、自治会の連携強化。

⑾　自治会未加入者対策。

⑿　その他防災に関する事。

＊６ヵ月の間の委員会開催11回、ヒアリング10数回。

３．「第１回総合防災対策検討委員会」の開催

委員会設置２週間後開催。上記諮問検討項目の他、次の項目を検討しました。

⑴　町内の現状を知るため所帯構成のアンケート調査の実施（総人口、防災要援護者数、要望事項等）。

⑵　市防災課、防災専門家との協議。

⑶　他町内会・自治会等の実施事例の調査。

⑷　阪神・淡路大震災のデータによる当町内の被害想定数の算定。

４．町田市の現状の事前調査

自治会長、防災部長による第２回検討委員会の資料として、市防災課に以下の項目につき聞き取り調査と要望を行いました。

⑴　食糧備蓄の状況。

⑵　防災備蓄倉庫設置補助の有無。

⑶　公園への倉庫設置許可の有無。

⑷　避難所の構造。

５．町内の被害想定数の算定

備蓄・救助・避難・防災活動などを考えるうえでの基本的根拠となる町内の被害想定数を算出することは大変重要です。自分たちの街がどのようになってしまうのかイメージを知るためにも手助けになります。被害想定の算出方法は種々あると思いますが、この委員会では阪神淡路大震災の記録を使いました。

Ⅲ　《答申書》（抜粋・要約）

まえがき

阪神淡路大震災クラスがすぐにも起きることを想定して策定をする。

震災発生直後は消防署や市に頼ることは期待できないことを想定し、自分や家族の命を守るにはお隣だけが頼りであり、そのための道具や方法を策定する。

また水・食料・日用品などの備蓄は、各家庭が家族人数の３日分以上を備蓄することは地域にすむ者の責任であるが、避難者になってしまった人達のため、市の備蓄（市民16％の１日分）の補完として、最低限準備したい。そしていざという時の救助・初期消火・避難等の訓練を具体的に考え実行する手法をさぐる。

1．災害時救助、救援対象範囲

⑴　自治会非会員を含める。全世帯の助け合いを目指し、非会員世帯にも呼びかけ、防災体制を作る。

⑵　1、2、3丁目だけを原則とする。ただし鶴舞会（近隣町会居住者も含む高齢者クラブ。）は対象とする。

⑶　ショッピングモール等への来場者は、事業者対応とする。

⑷　電車、車両については、事業者対応および車両責任者対応とする。

2．町内の現状把握

⑴　戸数580戸、人口2,018人を対象とする。

⑵　構成は、61歳42％65歳以上は29％であり、進む高齢化を考えると、地域住民の一層の連携と助け合いが必要である。

⑶　要援護者（弱者）は80～100世帯にいると想定。この要援護者に一人一人の異なるの対応が必要となる。

⑷　防災マップの作成（下記項目を調査し記載）

①　避難所・避難場所（公園、広場、学校、畑、駐車場等）、避難経路の選定

②　防災倉庫、器具置き場、重機置き場、防災機器のある家

③　病院・クリニック、薬局、商店、公衆トイレ

④　消火栓、消火器置き場、防火水槽

⑤　掲示板、公衆電話、地区責任者の家、防災本部長の家

⑥　狭隘道路、ブロック積み塀、電線、電柱、自動販売機

⑦　東急線橋梁、水道橋管、ガソリンスタンド、その他

⑸　所帯・弱者構成表、所有防災機器具、防災マップの更新が必要

世帯員や所有防災器具などは、毎年変化するので、年1回の調査をし、責任者の地域の域把握、防災マップへの転記が必要。

3．被害想定

⑴　人的被害想定

飲・食料や救助機器具の数量、避難所の広さ、トイレの数その他を知るため、当地域の被害量を想定した。項目と指数は次の通り。

死者数　人口×0.25％

負傷者数　死者数×7.2人

重症者数　死者数×1人

家屋全壊数　家屋数×21.5％

要救出現場数　家屋全壊戸数×0.4％

避難者数　人口×8.0％

出火件数

（冬５～６時発震）　　家屋数×0.02％

（冬６～８時発震）　　家屋数×0.033％

（冬11～13時発震）　　家屋数×0.031％

（冬17～19時発震）　　家屋数×0.051％

（家屋全壊には、建物は立ち残っているが使用不能が含まれていると想定）

⑵　水道、ガス等インフラの被害想定（町田市）と復旧日数調査

水道：１日後29,000戸（21.4％）、４日後3,000戸（2.2％）が断水

（阪神淡路では40日後仮復旧、90日後に全戸通水）

ガス：50,300戸（47.6％）で供給停止

（阪神淡路では85日後に復旧）

電気：33,700戸（20.1％）で停電

（阪神淡路では１週間後に復旧。復旧時多数の火災発生）

電話：42,500件不通

（阪神淡路では２週間後に復旧）

⑶　線路架橋、横浜市水道橋の破壊、落下の可能性調査

線路架橋は補強済み、水道橋は17年度補強

⑷　路面の亀裂・液状化、マンホールの浮き上がりの可能性検討

４．防災倉庫と備品

飲・食料、医薬品、日用品、簡易な器具などの備蓄は各家庭での備蓄を大前提とする。

市の備蓄食料は指定場所に避難してきた人を中心に配給することになっているので、避難場所に居なくても登録だけして、食料を貰いに来る被災者も多数いたのが神戸、新潟の実情であり、不足も考えられる。

そこでわれわれ南町田地区から出ると心配される避難者160人×３日分の食・飲料、医薬品、日用品などと、倒壊家屋・家具から救出機器具の備蓄を行う必要がある（いい換えれば、家が残った家庭の食料は自宅以外には無い。）。

３日間の備蓄が適当であるかは不明であるが、都や市の見解が３日であり、それを目安とする。各家庭で３日以上の備蓄が望まれる。

また、これらの食・飲料、医薬品、ミルクなどは使用期限を定期的に確認し、更新す

る必要がある。期限の数ヵ月前に会員に有償で引き取ってもらうなどの協力を求める。

⑴　食料・飲料、医薬品、日用品の品名、数量、金額、更新年月等

⑵　弱者対策備品

要援護者（弱者）は約60人と推定される。特殊な物を備蓄するのは困難であるので、今回の備蓄では一般的な物としたい。

オムツ関連は、近隣地域の使用者を考慮すると市備蓄量は相当不足すると思われるので人数分を揃えたい。

ミルクは２日目からは市備蓄の配布で間に合うと思われるので３日分を揃える。

⑶　救助用資機材

被害想定の要救出現場数50件から考えると全く不足している。自治会で一時期に揃えたいが予算的に無理なため、会員が所持される機器を震災時に貸してもらうシステムを構築したい。

⑷　倉庫の位置、大きさ

地域の広さを考慮し、２～３ヵ所の備蓄倉庫を確保する。飲・食料、医薬品、日用品等の備蓄倉庫は１ヵ所に集約する。救助用資機材置き場は北地区、南地区に設置し、火災、道路断裂、電柱や倒木による街の分断に備える。町田市は10年以上経過の防災倉庫（6.6㎡以下）の更新には11万円を上限とする建築費補助がある。

⑸　水の確保（傷を洗う、手・身体を拭く、食器を洗う等）

震災直後の飲料水は備蓄品や給水車でまかなうことを目標とするが、手洗い・洗面・洗濯の水は非常に限られる。境川の水は震災時にはかなり汚れ、消火活動以外には使用できないと思われる。以下の方法をすべて取り入れたい。

①　町内で協力し、つくし野セントラルパークに水を貰いに行く（折りたたみ角型バケット、ポリタンクなどを積みリヤカー・トラックで取りに行く。）。

②　大ヶ谷戸地区にある数ヵ所にある井戸水を貰いに行く。

③　地区内に井戸を掘る。

５．救助・支援組織体制

現在自治会内に登録されている「南町田自治会自主防災隊」を実動性のある「自主防災組織」に再編成する。10数軒を単位とする地区分隊とそれを統括する本部を作る。

⑴　地区分隊（仮称：お助け隊隣組）の組織・働き

①　自治会とは別に全住民加入の自主防災組織を目指す。

②　十数軒を単位とする単純明快なブロック（分隊）とする。

③　自治会とは異なる複数年任期の指揮系統の組織とする。

④　分隊の中に次の班を置きブロック内の動ける者は全員が参加する。

・救助救護班　・消火班　・避難誘導班

実際の編成では、情報班、給食班の５班とした。

(2)　本部の組織・働き・場所

①　本部の最高責任者として自治会長を充て隊長とする。

②　本部は自治会長、副会長、防災部長あるいは会長経験者などにより、平常時に10名ほどで構成し、隊長、副隊長、準隊長を決める。また震災時には被害の少なかった分隊から指名し、本部員を増員する。本部の上席の者が動けなくなった時は、即座に次席の者が上席に付く。

③　隊長は分隊長より報告を受け、救助・消火活動の手薄な分隊に他の余裕ある分隊を振り向ける。特に消火活動発生の分隊に注力する。

④　救助器具の適切な配分・移動を指示する。

⑤　指定避難場所に数名の本部員を先行させ、避難所として機能するか否か、最適避難路を何処にするか確認・決定させ、仮避難場所に集まった避難者を誘導し指定避難場所に避難させる。

⑥　指定避難場所に先行した本部員は市の職員と協力し、避難所の生活空間の割り振りを行う。

⑦　本部員は市の職員および避難者の代表と協力し、避難者の名簿を作成し毎日の入退出を届けさせ記録する。名簿には、氏名・男女・年齢・要介護の内容・未帰宅者・連絡先などを記録させ、避難所を移動退出するときの連絡先を特に管理する（市所定の「避難者名簿」、「避難者台帳」等がある。）。

⑧　避難したしてきた分隊から給食班を指名し、避難者にも作業を割り振る。

⑨　本部員は市の職員および避難者と協力し、多くのトイレを設置する。

⑩　本部は情報担当者を専任し、市防災課・消防署・警察署等と連絡を図り、被害状況を報告し、救助応援要請、負傷者の医療要請、飲食料・日用品の配布要請、ボランティアの派遣要請、テント・トイレ等の設置要請を行う。　（以下略）

６．震災発生時の活動（以下検討項目のみ記載）

(1)　各家庭の行動

(2)　初期消火・延焼のくい止め

(3)　負傷者の対処

(4)　児童生徒の保護（園児・児童の保護者引き取り方法の見直しを市が進めている。）東日本大震災では電話が通じなかったことによる。

7．避難所・宿泊所の生活と管理

⑴① 鶴間小学校が使える場合

② 鶴間小学校が使えない場合（現在、大学やＳＣと折衝中）

⑵ 避難場所の雨・寒さ・湿気・暑さ・遮光・害虫対策

⑶ 弱者の避難

① 弱者の分類と避難場所

② ２次避難所

⑷ 非常時用トイレの設置

⑸ 煮焚きの燃料確保

⑹ ごみの集積と処理

⑺ 仮設風呂の設置の検討

⑻ 地域内外、帰宅困難者との連絡

⑼ 食・飲料、日用品などの配布方法

⑽ ペット動物の飼育

⑾ 救助ボランティアの受け入れと活用方法

8．防災活動、訓練

⑴ 各家庭の家屋・家財の耐震化・転倒防止の知識・情報・工法の啓蒙

⑵ 各家庭での飲料、食料、医薬品、日用品などの備蓄、更新、備蓄場所

⑶ 防災訓練の実施

⑷ 震災非常時の行動マニュアル

⑸ 災害備蓄倉庫の新設

⑹ 市の防災体制への協力と要望

Ⅳ　自主防災組織の幕開けと活動内容

前記「答申書」の自治会承認を経て、自主防災組織を１年後（2006年５月）に設立することを目指し、引き続き「総合防災対策検討委員会」が準備に取り掛かり、以下の項目を検討しました。

1．ブロック分けと班分け

⑴ 地域内のブロック分けと班分け

自治会のブロックは19に分けられているが、広いブロックがあり、顔や名前が判らないことも多く、災害時に素早い行動に適さない。着目したしたのは「ゴミ収集

単位」である。ごみ収集日に顔を合わせ、よく挨拶する間柄になっている。このゴミ収集ブロックを基本とした。

⑵　班分け

答申書の段階では①救助救護班、②消火班、③避難誘導班の３班であったが、④給食班を設け、さらにブロック内の代表世話役として⑤情報班を設け、計５班体制とした。自主防災組織の全員がいずれかの班に所属することとし、各班には班長を置き、班長の任期は基本的には３年とし、再任を妨げない。

⑶　班の構成人数

阪神・淡路大震災時の隣近所での助け合いをみると、倒壊家屋や転倒家具の下敷きからの救助人数は10人以上欲しいとある。初期消火の人数も多いほどよく、やはり10人以上必要と思われた。そこで１ブロックの望ましい人数は次と考えた。

情報班　１～２名

消火班　６～10名

救助救護班　６～10名

避難誘導班　２～３名

給食班　２～３名

計　17～28名

⑷　ブロック分けの決定

最終的に⑴を見直し23ブロックとした。（実際には12戸から28戸のブロックが存在する。今考えるともっと大胆に20数世帯のブロック割にすべきだったかもしれない。マンションは30世帯を超えても同ブロックとした。）

2．本部構成

「南町田自主防災組織　組織図」

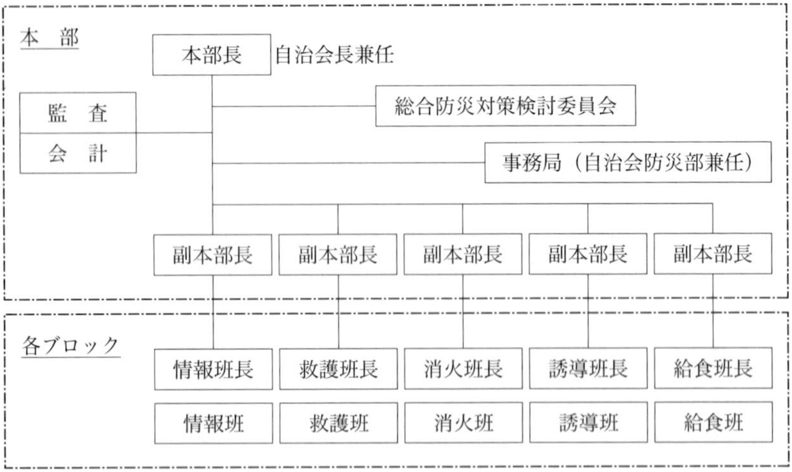

3．会費

答申書で積算した飲・食料、医薬品、日用品、救出器具等の備蓄品購入金額は211万円。倉庫の新設など初期投資額44万円。飲・食料、医薬品、日用品備蓄の更新および倉庫の更新積立費に年額39万円、計294万円が必要となる。この時期会員が何人になるか不確定であり、これを１年で完了するのは会員の負担が大きすぎると判断した。大地震が何時来るか心配であったが、３年で完了させることとした。

4．決定機関

⑴　全班長会議

会員から会費を集め運営する以上、会の方針・計画・予算、そして前年度の活動報告収支報告をし、承認を得るための総会を行う必要がある。しかし、400人以上の会員を集める会場を確保するだけで、多額の費用と時間を要する。そこで会員の意見を見を代表した者としての全班長を集めた会議を総会とし、年に１回、９月の自主防災訓練（午前中）の後、午後行っている。

この会議は総会に位置づけられるので、会議の２週間前に議題や討議内容を各戸に配布し、会員の意見を班長につたえて頂き、会の運営に反映している。

⑵　情報班長会議

年1回の全班長会議の承認を得なければ活動できないのでは、効果的な防災活動は不可能である。それをカバーするため、情報班長会議を年4回開催することとした。緊急を要することや、会の運営に関することを審議し、実効性を保っている。

⑶　本部会

本部会は定期に、隔月に1回行っている。そのほか、必要に応じて「副本部長会議」や、大きなテーマが発生した場合は「対策部会」を設立し稼働している。

5．緊急対策本部

地震などの災害時「緊急対策本部」を、どのような基準で、何処に設置するか、いつ解散するかを決めた。

⑴　緊急対策本部の設置基準

震度5強が観測された場合（市災害対策本部に同じ)、本部長が宣言し、会員と南町田会館管理運営委員会に通知する。

震度5弱以下、水害、大規模火災は、被害状況により本部長判断とする。

⑵　緊急対策本部の場所

南町田会館とする（市の建物であるが、その運営管理は「南町田会館管理運営委員会」が行っている。委員は地域内の住民がボランティア奉仕)。

⑶　緊急対策本部の解散

緊急対策本部は本部長が必要と認める期間に限り存続するが、概ね下記の状況になった場合は、本部長が解散を宣言する。

①　公的支援が開始された場合。

（市が避難所を開設した場合は、避難所運営に協力するため委員を派遣することになっている。専任委員2名。)

②　被害者への対応が終了した場合。

③　自主防災組織の活動範囲を越える状況になったと判断された場合。

6．自主防災組織の本格的活動

2006年5月1日、「南町田自主防災組織」が設立されました。

⑴　設立後の成果

①　「防災の手引」の発行

②　「防災マニュアル」の発行

③　防災倉庫の新設

④　備蓄品、救急機器の購入・管理

⑤　「南町田防災ニュース」の発行（年１回）
⑥　防災訓練（避難誘導・消火・救急救命・救急機器取扱・給食の各訓練、年１～２回）
⑦　市主催防災訓練、講習会への参加
⑧　救命講習会の開催（年１回）
⑨　防災館体験見学（年１回）
⑩　ブロック内会議（年１回）
⑪　その他（消火器斡旋、「無事です」旗の作成・配布）

⑵　現在検討中
①　「自主防災組織の洪水対策」策定済み
②　「洪水避難のめやす図」は作成済み
③　市の避難所が使用不能の場合の代替避難所

７．町内のコミュニテイー形成と活力の源

鶴間１～３丁目の大きな特徴として、多数の住民交流の場（趣味の会、ボランティア活動）があります。「南町田会館」を利用する団体は60を数えます。多くは毎週定期的に開催されています。書道、パソコン、詩吟、蕎麦打ち、麻雀、ハンドベル、和太鼓集団、合唱等があります。子供たち向けの英会話やバレー教室もあります。「境川ルネサンス」というＮＰＯ法人は花壇を作り四季折々の花を咲かせます。小さな公園を自分たちで作り、井戸も掘ってしまいました。被災時には飲料には適さなくても水源として期待されています。

町内の高齢者を中心とした「鶴舞会」メンバーは、グランドゴルフの練習に週２～３日集まっています。ゴルフを毎月定期的にやっている会もあります。

自治会防犯部がメンバーを募り、地域内の防犯パトロールや、学童の下校時「見守り隊」が毎日活躍しています。夏祭り、どんど焼き、年２回の会館文化祭、いも煮会等のイベントもあります。こうした会やイベントに住民の多くが関わり、参加していることがごく自然にご近所付き合いとなっていると思われます。

自主防災組織設立の背景には、こうした交流が下地にあったことが大いに役立ちました。また高齢者の多い街ですが、実に多士済々で大きな力でした。当時の自治会長と縫合防災対策委員会委員長のリーダーシップと委員の精力的な活動があったことはいうまでもありません。

Ⅴ　南町田自主防災組織規約

第１章　総　則

（名称）

第１条　この組織（以下「本会」）は、「南町田自主防災組織」と称し、「自主防災」と略称する。

（目的および活動）

第２条　本会は、震災等の災害時に隣近所の助け合いで被害を最小限に止め、地域の安全に資することを目的とし、次の各号に掲げる活動を行う。

⑴　住民相互の連帯意識の醸成

⑵　防災組織の普及および防災技能の向上

⑶　自主防災訓練および一般救命講習の実施

⑷　食糧等の備蓄および防災器具の整備

⑸　災害時の緊急対策の実施

⑹　その他防災のための活動

（事務所の所在地）

第３条　本会の事務所は、第７条の本部長宅に置く。

第２章　組　織

（会員）

第４条　本会の会員は、南町田自治会（以下「自治会」）加入の全個人会員および自治会区域内地域内に居住するその他世帯で入会を希望する者とする。

（会員の義務）

第５条　会員はあらかじめ指定された次条のブロックに所属し、当該ブロックのいずれかの班に参加しなければならない。

２．会員は、別表に掲げる年会費を定められた期日までに納入しなければならない。

（機関および活動）

第６条　本会に次の各号に掲げる機関を置く。各機関は、第２項から第４項に定める活動を行う。

⑴　ブロック

⑵　本部

⑶　緊急対策本部

２．「ブロック」は、同一地域の20世帯前後で構成し、日頃から全員集会等を通じて会員間の意志疎通を図るとともに、災害時には現場で、迅速かつ臨機応変に防災活動動を行う。各ブロックに情報班、救護班、消火班、誘導班および給食班を置き、各班は別に定める活動を行う。ブロックの編成は別に定めるところによる。
3．「本部」は、次条の本部役員および事務スタッフで構成し、訓練、講習および各種会議を主催し、機関紙を発行して防災意識の高揚を図り、災害時には中枢機関としてブロック間の調整および行政機関との連絡等に当たる。
4．「緊急対策本部」は、震度5強以上の震災時または次条の本部長が必要と認めるときに南町田会館に開設し、次条の本部役員および被災しないブロックに属する第8条の情報班長によって構成する。当該本部は、前項の本部活動を代行し、必要に応じ災害弱者の収容を行うものとし、本部長が必要と認める期間に限り存続する。
（役員）
第7条　本会の本部に、次の各号に掲げる役員を置く。
⑴　本部長：1名
⑵　本部長代理：1名
⑶　副本部長：5名
⑷　副本部長代理：5名
⑸　事務局長：1名
⑹　事務局次長：3名
⑺　会計：2名
⑻　会計監査：2名
2．本部長は、必要と認めるときは、本部に顧問を置くことができる。
3．ブロックの役員として、各班に班長を置く。
（役員の任務）
第8条　本部長は、本会を代表し会務を統括する。
2．本部長代理は、本部長を補佐し、本部長に事故あるときはその職務を代行する。
3．副本部長は、本部長の命を受けて会務を分担し、本会の運営に当たる。
各副本部長の専任事項は、本部長が決定する。
4．副本部長代理は、副本部長を補佐し、副本部長に事故あるときはその職務を代行する。
5．事務局長は、本会の運営に関する企画・立案を行い、総務を担当する。
6．事務局次長は、事務局長を補佐し、事務局長に事故あるときはその職務を代行する。
7．会計は、本会の会計および経理を担当する。
8．会計監査は、本会の会計および資産の状況ならびに業務の執行状況を監査する。

9．班長は、各班の用務を処理し、情報班長は、その所属するブロックを代表する。

（役員の選任）

第9条　本部長は、自治会長が兼任する。

2．本部長代理、副本部長、副本部長代理、事務局長、事務局次長、会計および会計監査は、第12条の全班長会議の承認を得て本部長が任命する。

3．班長は、その所属する班の互選により選任する。

4．会計監査は、その他の本部役員を兼ねることはできない。

（役員の任期）

第10条　役員の任期は、選任された日の属する事業年度に続く2事業年度（この規約の成立前に選任された者は、その選任された日から起算して3年目の属する事業年度）の末日までとし、再任を妨げない。この場合において再任期間は、事業年度単位に行われるものとする。

2．前項の規定にかかわらず、本部長の任期は自治会長在任期間中とし、特別の事情のない限り自治会長退任の日の属する年の8月31日まで、その職に留まるものとする。

（報酬および手当て）

第11条　役員は無報酬とする。

2．役員が会務により出張する場合は、交通費を支給する。

第3章　会　議

（会議）

第12条　本会に、次に掲げる会議を設ける。

⑴　全班長会議

⑵　情報班長会議

⑶　担当班長会議

⑷　本部会

（全班長会議）

第13条　全班長会議は、本会の最高の意思決定機関で、各ブロックの班長全員および本部役員によって構成し、毎年9月または本部長が必要と認めるときに開催する。

2．全班長会議は、構成員の過半数の出席で成立し、議事は出席者の過半数をもって決し、可否同数のときは本部長代理が務める議長の決するところによる。

3．全班長会議は、次に掲げる事項を審議する。

⑴　活動計画および活動報告に関する事項

⑵　予算および決算に関する事項

⑶　規約の改正に関する事項

⑷　役員の選任および解任に関する事項

⑸　その他本会の運営に関する重要な事項

（情報班長会議）

第14条　情報班長会議は、各ブロックの情報班長および本部役員で構成し、各四半期初めに本部長が召集して、本会の運営に必要な事項および緊急を要する事項を審議する。

2．情報班長会議は、構成員の過半数の出席で成立し、議事は出席者の過半数をもって決し、可否同数のときは本部長代理が務める議長の決するところによる。

（担当班長会議）

第15条　担当班長会議は、担当副本部長、担当副本部長代理および各ブロックの担当班長で構成し、必要の都度担当副本部長が本部長の許可を受けて召集し、情報連絡、活動調整等を行う。

（本部会）

第16条　本部会は、本部長が必要に応じて開催し、本部役員および事務スタッフが出席して、本会の日常管理に係わる事項、全班長会議および情報班長会議開催の準備ならびに渉外事項の処理を行う。

（自治会総合防災対策検討委員会との関係）

第17条　本部長は、自主防災の企画する事業が自治会活動と重複する恐れがあり、または、総合的な防災対策に係わるものと判断したときは、自治会総合防災対策検討委員会の決定を求めなければならない。当該委員会は、2006年4月16日南町田自治会総会第3号議案「南町田自主防災組織への自動加入等について」の決議の運用またはその他事項に関して必要があると判断したときは、本部長に対し自主防災の運営について意見を述べることができる。

（自治会防災部との関係）

第18条　自治会防災部員は、自主防災の兼務本部員として運営に参加し、訓練・講習の開催に関して自治会との共催を決定する。

第4章　会　計

（本会の経費）

第19条　本会の経費は、年会費、町田市自主防災補助金およびその他の収入をもって充てる。

2．年会費は世帯単位とし、その額は全班長会議で決定する。

３．年会費の徴収は、毎年10月に行う。

（事業年度および会計年度）

第20条　事業年度および会計年度は、毎年９月１日から翌年８月31日までとする。

２．会計年度が終了した時は、速やかに決算を行い、監査を受けて全班長会議の承認を得なければならない。

第５章　財　産

（財産の共有）

第21条　本会が保有する財産は、全会員の共有とする。役員は当該財産を管理し、その一部を処分するときは、必要に応じて情報班長会議の承認を受けるものとする。

２．役員は、前項の財産を管理するに当たり、善良な管理者の注意義務をもって、行わなければならない。

第６章　補　則

（第22条）　この規約を実施するために、運営についての内規を定めることができる。この場合において、運営内規は情報班長会議に諮り、本部長が決定する。

２．本部長は、必要があると認めるときは部会を設置することができる。

第２部　亀戸町会連合会防災活動

次に、東京都江東区の亀戸町会連合会の防災活動の実態を紹介します。

1　亀戸町連合会防災計画

【名　称】

亀戸町会連合会災害対策本部（以下対策本部という）とする。

【目　的】

大規模な災害が発生した場合、原則として各単位町会で組織された災害協力隊（以下協力隊という）ごとで対処することとなる。しかし、各協力隊が単独では対応できない事態となった場合、亀戸町会連合会に所属する各協力隊が、保有する資機材や救助要員を派遣するなど、相互に協力し、行政機関等の救助活動が本格化するまでの間、亀戸地域の安全を自分達で守ることを目的とする。

【設置場所】

亀戸出張所内会議室または亀戸文化センター会議室に対策本部を設置する（災害が沈静化し、状況が安定した場合は、本部長が所属する協力隊の拠点を対策本部とする。）。

【設置期間】

災害発生後より、沈静化するまでの概ね1週間程度とする。ただし、被害状況に応じ設置期間を延長するものとする。

【組織体制】

1．本部長は亀戸町会連合会会長が兼務する。

2．副本部長は亀戸町会連合会副会長が兼務する。

3．本部長の所属する単位町会・自治会地域の被害が甚大または本部長自身が傷病等により任に当たれない場合は副本部長が代行する。

4．副本部長の所属する単位町会・自治会地域の被害が甚大または副本部長自身が傷病等により任に当たれない場合は総務が代行する。

5．各協力隊長は、対策本部の人員が上記1～4の理由により欠員となる場合、被害軽微な隊長がその任を代行する。

6．本部長は概ね5名程度とし、各協力隊から予め選抜された者が任に当たる。選抜については別途定める。

【具体的活動】

1．大規模な災害が発生した場合、亀戸町会連合会会長は対策本部を設置し、本部員を召集する。本部員は各協力隊の伝令から報告された内容を取りまとめ、本部長に報告する。本部長はそれらの情報に基づき必要な対応策を実施する。

2．各協力隊は、「災害協力隊防災計画」に基づき、担当地域の被害状況の確認及び救助・避難活動等を開始する。また、伝令を対策本部へ派遣し、被害状況の報告を行う。伝令は各協力隊の広報班より選抜する。

3．担当地域が被害軽微な場合、各協力隊は対策本部の要請に基づき、被害甚大な地域へ各協力隊の保有する資機材及び救助要員を迅速に派遣し、救助作業に当たる。

4．行政機関等の救助活動が本格化した場合、対策本部は行政機関等と連携して引き続き人命の救助にあたる。

5．災害が沈静化し、救助活動の必要がないと判断された場合、本部長は、対策本部を一旦閉鎖し、その後は、各協力隊単位で活動を行う。

6．本部長は必要に応じて全体会議を招集し、行政機関等の協力を得ながら復興に向け、諸問題の解決に当たる。

【その他】

1．各協力隊は小学校（５校）を単位とする避難所ごとにグループを編制し、グループ長を定めて学校職員・区職員と避難所の運営に当たる。(グループには連合町会未加入の自治会も含む)

2．発災の場合には、亀戸町会連合会に未加入の協力隊とも緊密な連携を図り、亀戸全体の安全確保を図るものとする。

2　災害発生時フロー図

	各単位町会(災害協力隊)	亀戸町会連合会災害対策本部	江　東　区
地震発生	東京湾北部でM7.3クラスの直下型大地震発生(江東区震度6強)		
発生から約2時間	自身、家族、家屋の安全確保(自助)		
発生後約2時間から公的援助がくるまでの概ね3日間(共助)	●各単位町会毎に災害協力隊参集 ●一時集合場所への参集。避難所または避難場所への誘導 ●被害状況の確認及び救助・救出作業開始 ●連合会本部に被害状況報告及び救援要請・資機材供出依頼 ●沈静化後の避難所（小学校等）への誘導 ●避難所の運営を学校職員・区職員とともに行い、状況を連合会対策本部へ報告	●亀戸出張所または亀戸文化センター７階会議室に災害対策本部を設置する ●各災害協力隊からの被害状況報告及び救援要請に基づき、被害の軽微な協力隊に対し、応援及び資機材の供出を依頼 ●区から送られた情報を各協力隊に伝達（状況により、区から直接各協力隊に情報提供する場合も有り） ●各避難所の運営状況及び地域の被害状況等を把握し、区役所等関係諸機関と連携して問題解決に当たる	●区対策本部は職員（災害情報連絡員）を各避難所へ派遣し、地域の被害状況を把握 ●情報連絡員は災害協力隊（区民）及び、出張所職員から報告される被害状況を把握の上、区災害対策本部へ報告 ●区職員（避難所班、避難所協力班）は避難所において、学校職員・災害協力隊とともに避難所の開設・運営に当たる ●区対策本部は連合会対策本部及び各災害協力隊に対して各種情報提供を行う（状況により、直接各協力隊に情報提供する場合も有り）
3日後(沈静化後)	●各避難所の運営を学校職員・区職員とともに行い、状況を連合会災害対策本部へ報告 ●各地域の被害状況を区対策本部及び連合会対策本部へ報告	●各避難所の運営状況及び地域の被害状況を把握し、区役所等関係諸機関と連携して問題解決に当たる ●状況に応じて対策本部を連合会長の所属する町会会館等へ移動	●情報連絡員は、災害協力隊（区民）及び、出張所職員から報告される被害状況を把握の上、区災害対策本部への報告 ●区職員は、学校職員・災害協力隊とともに避難所の運営に当たり、区対策本部から発信される情報を提供する

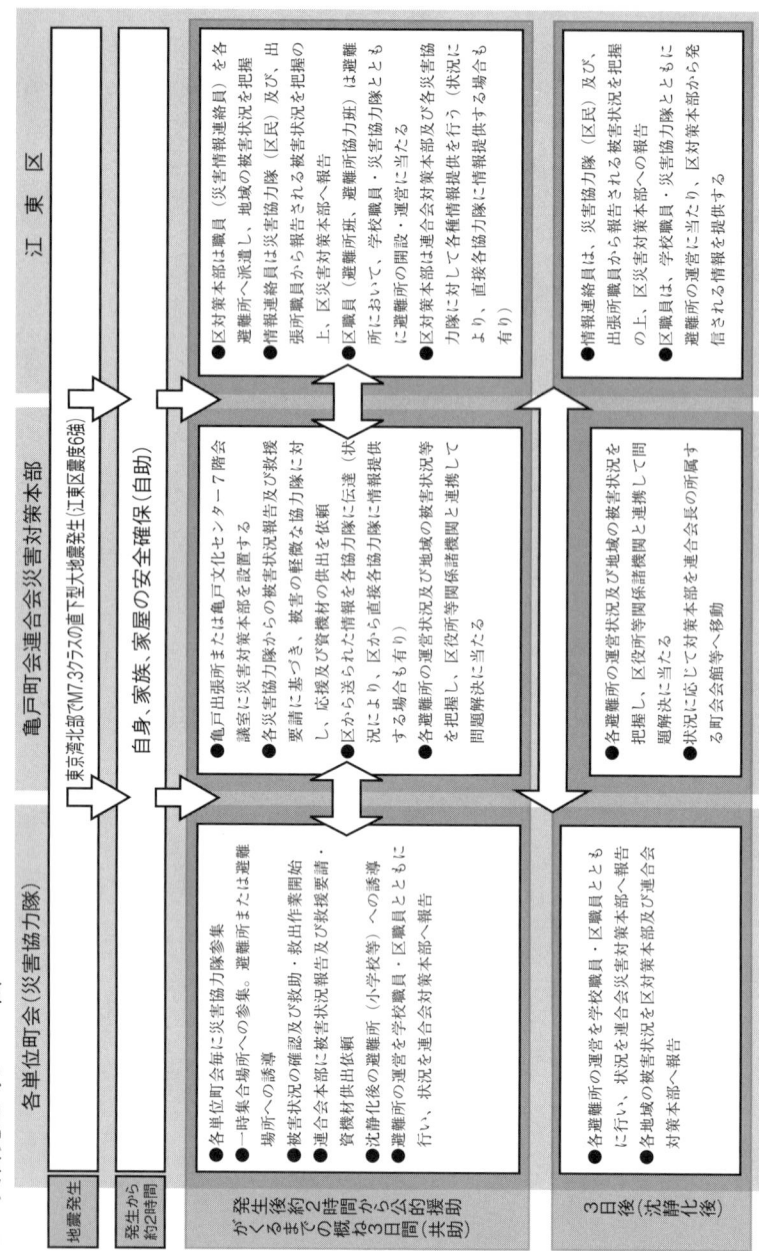

3　亀戸町会連合会災害対策本部組織図

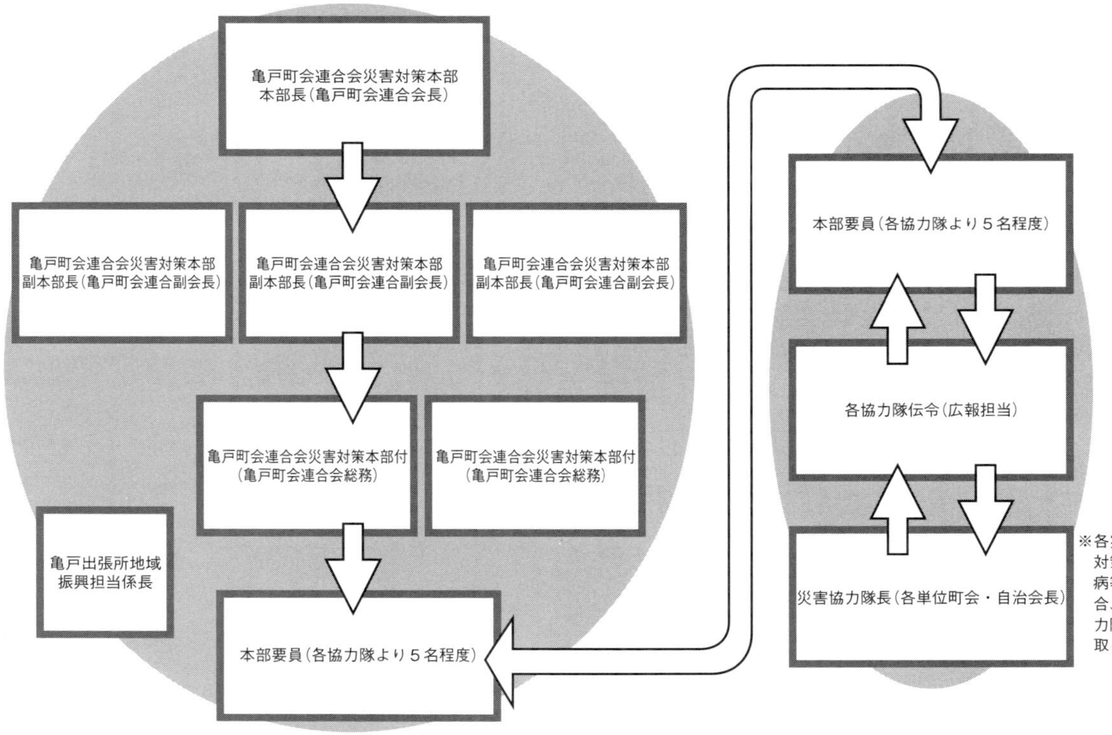

※各災害協力隊長は、対策本部の人員が傷病等で欠員となる場合、被害の軽微な協力隊より応援体制を取る。

執筆者紹介（執筆順）

野上修市（会長、明治大学名誉教授）
〔第１章担当〕

佐藤　匡（会員、明治大学情報コミュニケーション学部助手）
〔第２章１（共同執筆）、２・７・８・９担当〕

崔　寧桓（会員、明治大学大学院情報コミュニケーション研究科）
〔第２章１（共同執筆）担当〕

後藤　晶（会員、明治大学情報コミュニケーション学部助手）
〔第２章３・４・６担当〕

石田沙織（会員、明治大学情報コミュニケーション学部助手）
〔第２章５担当〕

安藤誉和（理事）
〔第３章担当〕

三橋博巳（副会長、日本大学理工学部教授）
〔第４章担当〕

飯田太郎（理事、マンション管理士）
〔第５章１・３・５・６、第６章１、第７章、第９章第２部担当〕

戸部素尚（会員、マンション管理士）
〔第５章２・４、第６章２・３・４・５・６・７担当〕

牧瀬　稔（会員）

〔第６章８・９担当〕

深田貴美子（会員、武蔵野市市会議員）

〔第６章10担当〕

山田　正（理事）

〔第８章担当〕

高梨奉男（副会長、マンション管理士）

〔第９章第１部担当〕

第９章　資料提供協力者紹介

川口憲一郎（東京都町田市南町田自主防災組織本部長代理）

谷村達夫（南町田自主防災組織本部長、南町田自治会会長）

地域・マンションの防災スタンダードブック

2012年4月30日　第1版第1刷発行
2012年9月10日　第1版第2刷発行

編　著　　地域マネジメント学会

発行者　　松　林　久　行
発行所　　株式会社大成出版社
東京都世田谷区羽根木1－7－11
〒156-0042 電話03(3321)4131(代)

印刷　亜細亜印刷

ISBN 978-4-8028-3051-5